高校入試

# トライ式 逆転合格！国語

## ［基礎編］

家庭教師のトライ

# 目次

# 本書の特長

**1** 全部で12章あり、それぞれの章は3ステップでできている。※

**2** それぞれの章では、基本・練習・応用の三つのステップを通して、読み取りのポイントを確実に定着させる構成になっている。

**3** 「プロ家庭教師」が君たちをわかりやすく導いてくれる。

**4** 解答・解説は別冊で、使いやすい。

※11章・12章のみ、2ステップ構成になっています。

## 章の構成〈8ページ展開〉

**ステップ1**（4ページ）

**読み取りの基本を学ぼう！**

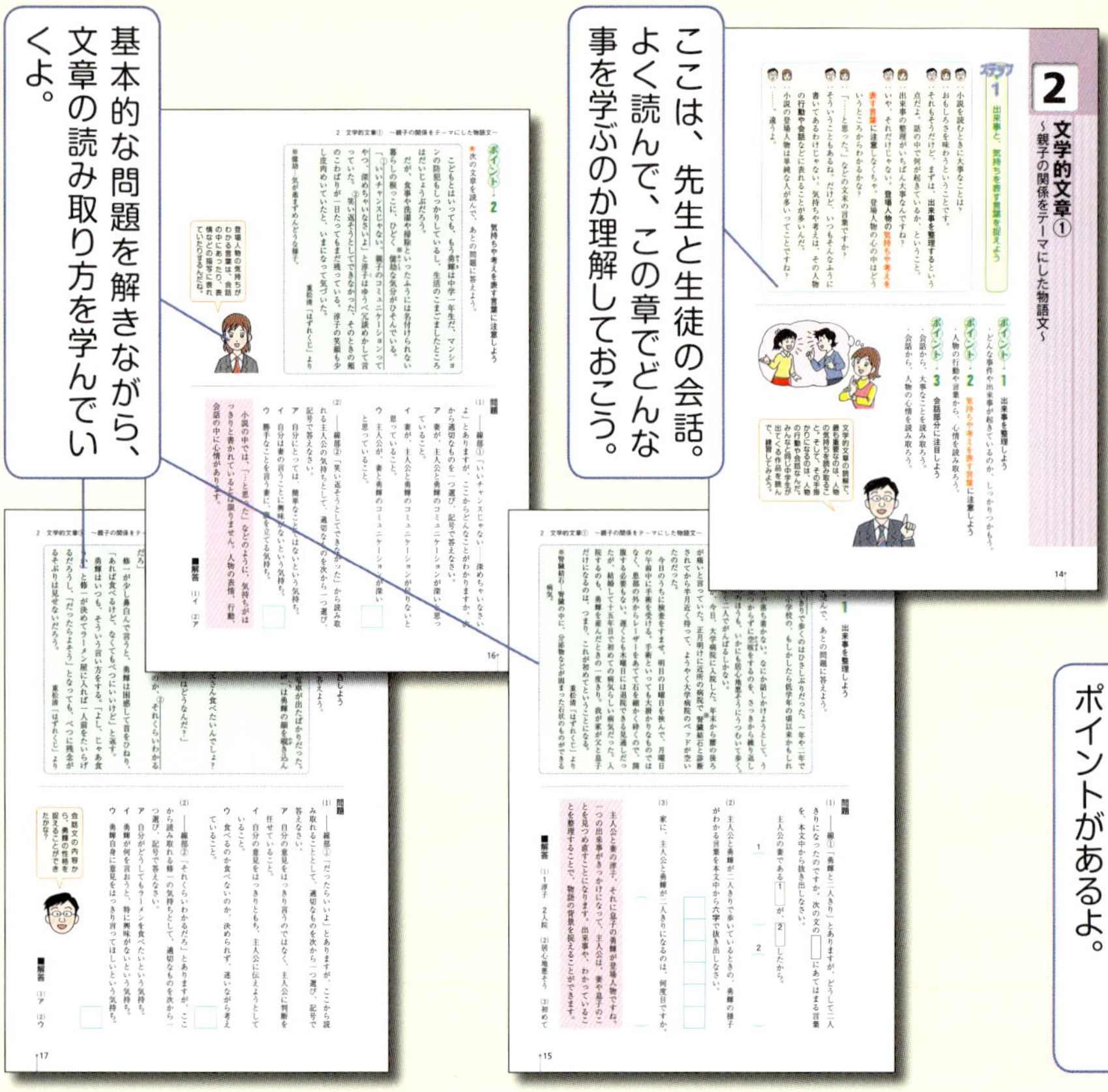

ここは、先生と生徒の会話。よく読んで、この章でどんな事を学ぶのか理解しておこう。

基本的な問題を解きながら、文章の読み取り方を学んでいくよ。

ステップ1には、三つのポイントがあるよ。

# 本書の使い方

**1** 答えは、問題集に直接書きこんではダメ！繰り返しができるように、別に「ノート」を用意しよう。

**2** 問題を「カン」で解いてはダメ！必ず「そう言えるわけ」をもとにして答えよう。

**3** ただ問題を解いて、答え合わせをするだけではダメ！まちがえた問題は、「どうしてその答えになるのか？」をしっかり理解しよう。

## ステップ2

**練習問題にチャレンジ！**（2ページ）

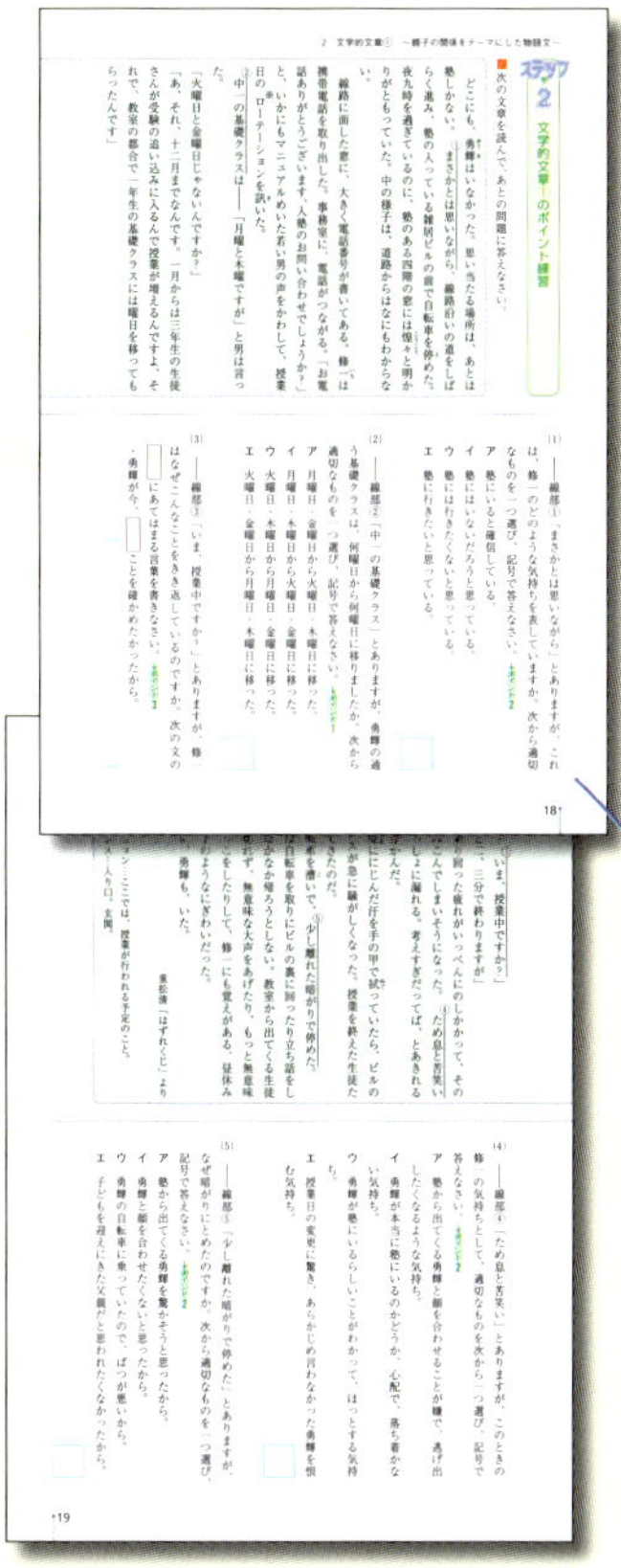

ステップ1で学んだ読み取りのポイントが身についたかどうかを確かめる問題だよ。

## ステップ3

**応用問題にチャレンジ！**（2ページ）

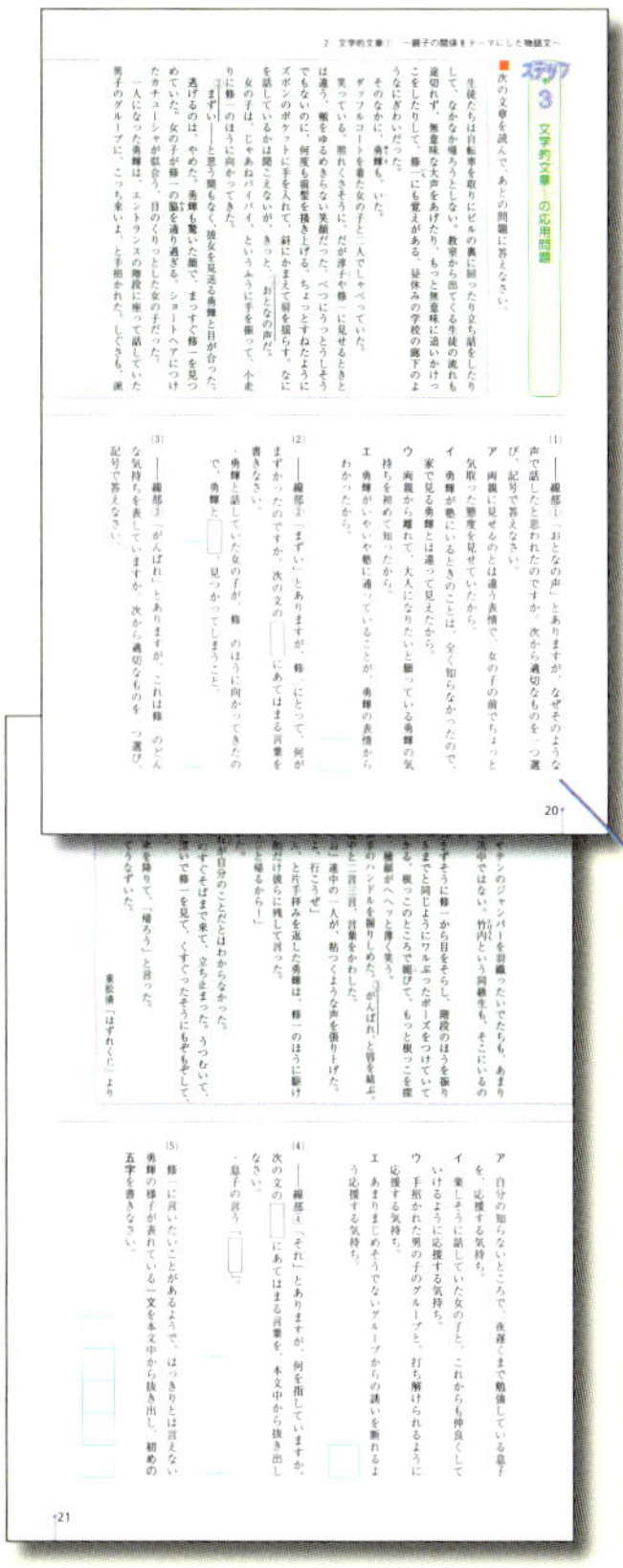

読み取りのポイントを使って、もう少し難しい問題を解いてみよう。

# 1 新聞記事
## ～新聞はこう読もう～

### ステップ1 一面の構成や、文章の工夫を知ろう

・新聞を毎日読んでいるかな？

・あまり読んでいません。どうしてですか？

・国語の勉強になるからだよ。**新聞は文章のお手本**だ。それに、いろいろな考え方を学べる。

・確かにそうですが……。

・全部読むのはたいへんだから、最初は一面だけ読んでみたらどうかな。

・そのくらいなら、がんばれるかも。

・毎日、違う文章が読めるんだ。まさに生きた教科書だよね。

・どんなことに注意して読んだらいいですか。

・「**いつ・どこで・誰が・何を**」をしっかり捉えよう。文章を読み取る基本だからね。わかりやすい文章を書く参考にもなるよ。

---

**ポイント1 一面の構成を知ろう**

・一面にはどんな記事が載るのかを知ろう。

**ポイント2 「いつ・どこで・誰が・何を」に注意して読もう**

・文章の中から基本的な情報を読み取ろう。
・見出しやリードの役割を知ろう。

新聞を読むとき、一面にどんな情報が載っているか、注目してみよう。文章の中から基本的な情報を読み取るためには、新聞はいい教材になるよ。

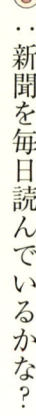

## ポイント・1　一面の構成を知ろう

★新聞の一面の構成をイラストで示しました。これを見て、あとの問題に答えよう。

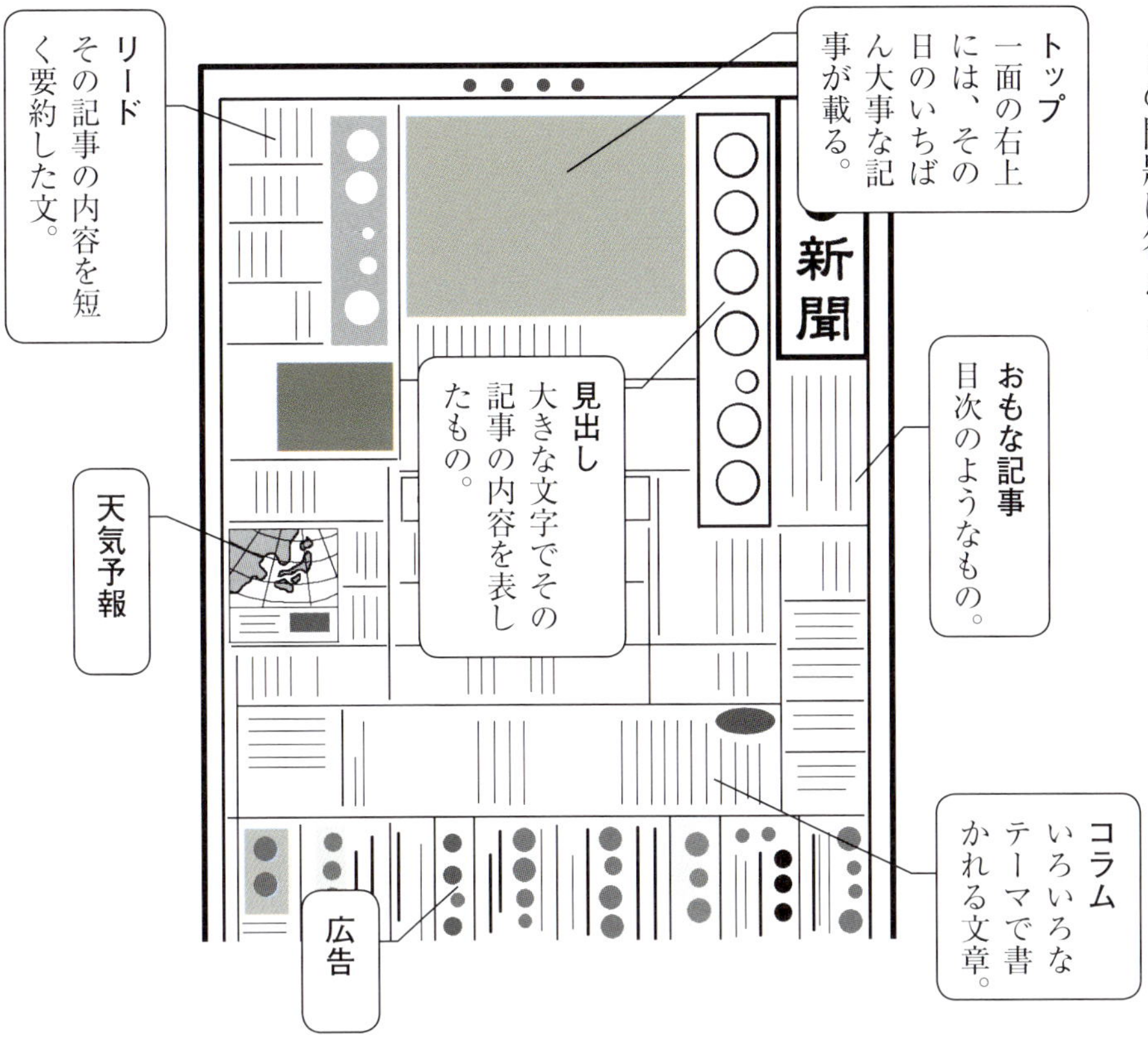
新聞
トップ
一面の右上には、その日のいちばん大事な記事が載る。
リード
その記事の内容を短く要約した文。
おもな記事
目次のようなもの。
見出し
大きな文字でその記事の内容を表したもの。
天気予報
コラム
いろいろなテーマで書かれる文章。
広告

**問題**　次の文の A ～ C にあてはまる言葉を、あとから選び、記号で答えなさい。

新聞を手に取ったら、まず一面を見てみましょう。

一面にはその日の A が載りますし、新聞全体の B の役割を果たしているといえます。

新聞の記事の配置の原則として、大事な記事は C に載ることが多いといえます。

**ア**　テレビ欄　　**イ**　いちばん大事な記事

**ウ**　右上　　**エ**　下

**オ**　目次

A
B
C

新聞の一面には、その日のいちばん重要な記事が掲載されます。見出しの大きさや、掲載される広さによっても、その重要さがわかります。また、新聞によって同じ記事でも扱い方が違うことがあります。比べてみましょう。

■**解答**　Aイ　Bオ　Cウ

## ポイント2　「いつ・どこで・誰が・何を」に注意して読もう

★次の文章は、スポーツ面の記事の一部です。この文章を読んで、あとの問題に答えよう。

**見出し**
甲子園発　元気届け

**リード**
※未曽有の天災のなか、球春が訪れた。「がんばろう！日本」をスローガンに掲げて、大会が23日、開幕した。第1試合は、2年ぶり4回目出場で2009年の全国選手権準優勝の日本文理（新潟）が、初出場の香川西に快勝。1回に湯本の適時打で先行、6回の薄田、秋山の連続適時打などで加点。エース田村は4安打1失点で完投した。
第2試合は、前橋育英（群馬）と九州国際大付（福岡）の対戦。後攻の九州国際大付が高城の大会第1号の2点本塁打などで2回までに4点をリードした。

朝日新聞二〇一一年三月二三日（夕刊）より

※未曽有…今まで一度もなかったこと。「未曽有の天災」は、ここでは東日本大震災のこと。

**問題**　次の文章は、上の記事を短くまとめたものです。文章中の［A］～［D］にあてはまる言葉をあとから選び、記号で答えなさい。

［A］日、甲子園で選抜高校野球が［B］した。［C］をスローガンに掲げて試合が行われ、第1試合は、［D］が勝利し、第2試合は九州国際大付がリードした。

ア　23　　イ　83
ウ　「甲子園発　元気届け」　　エ　「がんばろう！日本」
オ　オリンピック　　カ　開幕
キ　日本文理　　ク　香川西

A［　］
B［　］
C［　］
D［　］

見出しがあることで、どんな記事かを一目で知ることができるね。
リードは、記事の要約なので、簡潔に、わかりやすく基本的な情報を得ることができるように書かれているよ。

■解答　Aア　Bカ　Cエ　Dキ

## コラム　新聞って、どんな構成になっているの？

★二面（二ページ目）以降にはこんな情報が載っているよ。
・**政治面**…日本国内の**政治**に関する記事が載る面。
・**総合面**…**一面の補足**などが書かれていることが多い。また「社説」と言って、その新聞の主張する**コラム**が載っている新聞が多い。
・**経済面**…**為替や株、新しく出た商品**などが紹介される。
・**国際面**…海外のニュース、**国際情勢**に関する記事が掲載される。
・**スポーツ面**…プロ野球やサッカー、オリンピックなどの結果や成績が載る。スポーツが好きな人は、まずはここから読んでみよう。
・**家庭面**…**生活や子育て、教育**に関係したニュースが載る。中学生にも身近な話題が多い。
・**地域面**…その地域のニュースが載る面。みんなが住んでいる地域の記事だから、親近感がわく。
・**社会面**…**話題となった人物や、出来事**に関連する記事が載る。左上に四コマ漫画が載っている新聞が多く、中学生にも読みやすい。

（新聞によって呼び名が違うこともあります。）

**たしかめよう**　上の説明を読み、二面以降の記事と、載っている情報について、線で結んでみよう。

①政治面　・　　・ア　株価についての話題。
②総合面　・　　・イ　国会での審議の内容。
③経済面　・　　・ウ　社説。
④社会面　・　　・エ　アメリカ大統領選挙の情勢。
⑤スポーツ面・　　・オ　プロ野球の試合結果。
⑥国際面　・　　・カ　話題の人物の特集。

■**解答**　①イ　②ウ　③ア　④カ　⑤オ　⑥エ

## ステップ2　新聞記事のポイント練習

■次のＡ・Ｂは、ある日の一面に載った記事です。これを読んで、あとの問題に答えなさい。

Ａ

見出し　「命に感謝しプレー」

リード

**選抜高校野球開幕**

　東日本大震災をうけ、「がんばろう！　日本」をスローガンに掲げる第83回選抜高校野球大会（日本高校野球連盟・毎日新聞社主催、朝日新聞社後援、阪神甲子園球場特別協力）が23日、兵庫県西宮市の阪神甲子園球場で、被災地の高校を含む32校が出場し開幕。開会式の冒頭、震災の犠牲者に黙禱《もくとう》が捧《ささ》げられた。

**＝10面に甲子園から元気を**

朝日新聞二〇一一年三月二三日（夕刊）より

(1)　Ａ とＢ は、何についての記事ですか。「いつ・どこで・何が」行われたかを明確にして、簡潔にまとめて書きなさい。↓ポイント2

（　　　　）

(2)　Ａ とＢ の関係について説明したものとして、適切なものを一つ選び、記号で答えなさい。↓ポイント2

ア　Ａ は全体の内容の概略で、Ｂ は内容の詳細。
イ　Ａ とＢ は、違う視点で書かれて対比されている。
ウ　Ａ は詳細に書かれており、Ｂ はその補足説明。

□

(3)　Ａ の終わりに「**＝10面に甲子園から元気を**」とありますが、これは、どういう意味ですか。次から適切なものを一つ選び、記号で答えなさい。↓ポイント1

ア　記事の続きが10面にあるという意味。
イ　本文が10面にあるという意味。
ウ　関連した記事が10面にあるという意味。

□

**B**

**本文**

夜間試合回避へ試合開始時間を繰り上げたことから、開会式は簡素化され、場内を一周する入場行進は取りやめた。32校が外野に整列し、1校ずつ内野へ前進。地震で甚大な被害を受けた東北（宮城）の校名がアナウンスされると、観客席から大きな拍手がわいた。

選手宣誓は、創部1年で初出場の創志学園（岡山）・野山慎介主将（2年）が務め、「人は仲間に支えられることで、大きな困難を乗り越えられると信じています。がんばろう、日本。生かされている命に感謝し、全身全霊で正々堂々とプレーすることを誓います」と宣誓した。

朝日新聞二〇一一年三月二三日（夕刊）より

見出しによって、その記事の中心がどういう内容なのかがわかるよ。本文のどこにそれが書かれているのかがわかれば、記事の中心の内容を捉えることができるんだ。

(4) **A**にはなくて**B**に新しく出てくる情報を、次からすべて選び、記号で答えなさい。↓ポイント1

**ア** 東北（宮城）の校名がアナウンスされると、観客席から大きな拍手がわいた。

**イ** 場内を一周する入場行進は取りやめた。

**ウ** 開会式の冒頭、震災の犠牲者に黙祷が捧げられた。

**エ** 開会式では、選手宣誓がされた。

**オ** 被災地の高校を含む32校が参加した。

（　　　）

(5) この記事の中心となる部分はどこですか。**A**の**見出し**を参考に、次の文の□にあてはまる言葉を、**B**の**本文**から探して書きなさい。↓ポイント2

選手宣誓では、創志学園・野山主将が、「がんばろう、日本。□し、正々堂々プレーする」と宣誓した。

（　　　）

ステップ3
## 新聞記事の応用問題

次のAとBは、同じ日の「一面」と「社会面」に載った記事です。これを読んで、あとの問題に答えなさい。

A　小笠原、世界遺産に登録　ユネスコ委決定

パリで開かれているユネスコの世界遺産委員会は24日、日本政府が推薦した小笠原諸島（東京都）を世界自然遺産に登録することを決めた。大陸と一度も地続きになっておらず、独自の進化をとげた動植物が多いことなどが評価された。

小笠原諸島は、東京湾から南に約千キロ離れた大小約30の亜熱帯の島々。公共の交通機関は東京から片道25時間半の船だけだ。登録区域は父島、母島の居住地などを除く陸域6360ヘクタール、海域1580ヘクタールとなる。

国内の世界自然遺産は、1993年の屋久島（鹿児島）と白神山地（青森、秋田）、2005年の知床（北海道）に続き4件目。小笠原の固有種は、カタツムリ類106種のうち100種（94％）、樹木やシダ植物など441種のうち161種（36％）、昆虫類1380種のうち379種（27％）に上る。生息数が300頭ほどのオガサワラオオコウモリ、数十羽のアカガシラカラスバトなど絶滅が危ぶまれる希少種も多い。

朝日新聞二〇一一年六月二五日より

(1)　Aの内容を次のようにまとめました。［　］にあてはまる言葉をAから抜き出しなさい。

［1］で開かれているユネスコの世界遺産委員会は、［2］日、小笠原諸島を［3］に登録することを決めた。独自の進化をとげた動植物が多いことなどが評価された。国内の［3］は、4件目。小笠原には固有種や、絶滅が危ぶまれる［4］も多い。

1（　　　）　2（　　　）
3（　　　）　4（　　　）

(2)　Bの内容と合致するものを、次から一つ選び、記号で答えなさい。

ア　ガラパゴス諸島と小笠原諸島は、同じ道をたどることになるだろうと予測されている。

イ　世界自然遺産への登録を機に、観光客の上陸を制限する案が取りざたされている。

ウ　小笠原諸島は、世界自然遺産とともに、危機遺産にも登録されている。

エ　観光客の増加が予測される中で、国や東京都は、固有種保護のための方策を推し進めようとしている。

［　　］

B　観光客増で新たな※懸念　生態系悪化など※危惧

小笠原村の人口は、父島と母島を合わせて約2500人。これに対して、観光客数は年間1万5千人前後にのぼる。島には民間空港がなく、本州からの交通手段は、片道25時間半かかる船便に限られている。それでも、世界遺産への登録を機に観光客数は今後増えることが見込まれる。

観光の拡大は、人の移動だけでなく、島外からの食料品などの物流も増やす。小笠原諸島の「先輩」にあたる世界自然遺産第1号のガラパゴス諸島（南米エクアドル）は、観光客の増加に伴って島の人口も急増。新たな※外来種の侵入など生態系の悪化も進み、緊急の保全策が必要とされる「危機遺産」に一時登録されたことがある。

国際自然保護連合（IUCN）は、世界遺産委員会に提出した5月の勧告で「新たな外来種侵入に対し継続的な注意が必要だ」と指摘した。これを受けて国や東京都は、島の固有生物を脅かす外来種の侵入防止策や※駆除対策をさらに推し進めていく方針だ。

朝日新聞二〇一一年六月二五日より

※・懸念…不安に思うこと。　・危惧…あやぶみ、おそれること。
・外来種…外国や外部から入ってくる生物種。
・駆除…のぞくこと。

(3)　Aと Bについて内容にどのような特徴があると考えられますか。次から適切なものを二つ選び、記号で答えなさい。

ア　Aは一面の記事として、主に小笠原諸島が世界自然遺産に登録された経緯や、小笠原諸島の紹介が書かれている。
イ　Aは一面の記事として、小笠原諸島の世界遺産登録による観光客数の増加について詳しく書いてある。
ウ　Bは社会面の記事として、観光客増加に伴う問題点を指摘している。
エ　Aでは世界自然遺産登録による問題点の指摘がなされ、Bでは世界自然遺産登録の事実の紹介がなされている。

| |
|---|
| |
| |

(4)　Bの――線部「外来種の侵入防止策や駆除対策」とありますが、これは何のためにするのですか。次の文の□にあてはまる言葉を、Aの中から**十一字**で抜き出しなさい。

小笠原諸島にすむ固有生物、特に□を保護するため。

| | | | | | | | | | | |
|---|---|---|---|---|---|---|---|---|---|---|

# 2 文学的文章①
## ～親子の関係をテーマにした物語文～

### ステップ1 出来事と、気持ちを表す言葉を捉えよう

：小説を読むときに大事なことは？

：おもしろさを味わうということです。

：それもそうだけど、まずは、**出来事を整理する**という点だよ。話の中で何が起きているか、ということ。

：出来事の整理がいちばん大事なんですね？

：いや、それだけじゃない。**登場人物の気持ちや考えを表す言葉に注意**しなくちゃ。登場人物の心の中はどういうところからわかるかな？

：「……と思った。」などの文末の言葉ですか？

：そういうこともあるね。だけど、いつもそんなふうに書いてあるわけじゃない。気持ちや考えは、その人物の**行動**や**会話**などに表れることが多いんだ。

：小説の登場人物は単純な人が多いってことですね？

：……。違うよ。

**ポイント1 出来事を整理しよう**

・どんな事件や出来事が起きているのか、しっかりつかもう。

**ポイント2 気持ちや考えを表す言葉に注意しよう**

・人物の行動や言葉から、心情を読み取ろう。

**ポイント3 会話部分に注目しよう**

・会話から、大事なことを読み取ろう。
・会話から、人物の心情を読み取ろう。

文学的文章の読解で、最も重要なのは、人物の気持ちを読み取ること。そして、その手掛かりになるのは、人物の行動や会話なんだ。みんなと同じ中学生が出てくる作品を読んで、練習してみよう。

## ポイント・1　出来事を整理しよう

★次の文章を読んで、あとの問題に答えよう。

①勇輝《ゆうき》と二人きりで歩くのはひさしぶりだった。一年や二年ではきかない、小学校の、もしかしたら低学年の頃以来かもしれない。

腰のあたりが落ち着かない。なにか話しかけようとして、うまい話題が見つからずに空咳《からぜき》をするのを、さっきから繰り返している。勇輝のほうも、いかにも居心地悪そうにうつむいて歩く。だが、とにかく二人でがんばるしかない。

妻の淳子《じゅんこ》が、今日、大学病院に入院した。年末から腰の後ろが痛いと言っていた。正月明けに近所の病院で※腎臓結石と診断されてから半月近く待って、ようやく大学病院のベッドが空いたのだった。

今日のうちに検査をすませ、明日の日曜日を挟んで、月曜日の午前中に手術を受ける。手術といっても大掛かりなものではなく、患部の外からレーザーをあてて石を細かく砕くので、開腹する必要もない。遅くとも木曜日には退院できる見通しだったが、結婚して十五年目で初めての病気らしい病気だった。入院するのも、勇輝を産んだときの一度きり。我が家が父と息子だけになるのは、つまり、これが初めてということになる。

重松清「はずれくじ」より

※腎臓結石…腎臓の中に、分泌物などが固まった石状のものができる病気。

### 問題

(1) ——線①「勇輝と二人きり」とありますが、どうして二人きりになったのですか。次の文の□にあてはまる言葉を、本文中から抜き出しなさい。

主人公の妻である[1]が、[2]したから。

1（　　　　）　2（　　　　）

(2) 主人公と勇輝が二人きりで歩いているときの、勇輝の様子がわかる言葉を本文中から**六字**で抜き出しなさい。

□□□□□□

(3) 家に、主人公と勇輝が二人きりになるのは、何度目ですか。

（　　　　）

主人公と妻の淳子、それに息子の勇輝が登場人物ですね。一つの出来事がきっかけになって、主人公は、妻や息子のことを見つめ直すことになります。出来事や、わかっていることを整理することで、物語の背景を捉えることができます。

■解答　(1) 1 淳子　2 入院　(2) 居心地悪そう　(3) 初めて

## ポイント2　気持ちや考えを表す言葉に注意しよう

★次の文章を読んで、あとの問題に答えよう。

こどもとはいっても、もう勇輝《ゆうき》は中学一年生だ、マンションの防犯もしっかりしているし、生活のこまごましたところはだいじょうぶだろう。

だが、食事や洗濯や掃除といったふうには名付けられない暮らしの根っこに、ひどく※億劫《おっくう》な気分がひそんでいる。

「①いいチャンスじゃない、親子のコミュニケーションってやつ、深めちゃいなさいよ」と淳子《じゅんこ》はゆうべ冗談めかして言っていた。②笑い返そうとしてできなかった、そのときの頬のこわばりが一日たってもまだ残っている。淳子の笑顔も少し皮肉めいていたと、いまになって気づいた。

重松清「はずれくじ」より

※億劫…気が進まずめんどうな様子。

登場人物の気持ちがわかる言葉は、会話の中にあったり、表情などの描写に表れていたりするんだね。

**問題**

(1) ——線部①「いいチャンスじゃない……深めちゃいなさいよ」とありますが、ここからどんなことがわかりますか。次から適切なものを一つ選び、記号で答えなさい。

ア 妻が、主人公と勇輝のコミュニケーションが深いと思っていること。

イ 妻が、主人公と勇輝のコミュニケーションが足りないと思っていること。

ウ 主人公が、妻と勇輝のコミュニケーションが深いと思っていること。

(2) ——線部②「笑い返そうとしてできなかった」から読み取れる主人公の気持ちとして、適切なものを次から一つ選び、記号で答えなさい。

ア 自分にとっては、簡単なことではないという気持ち。

イ 自分は妻の言うことに興味がないという気持ち。

ウ 勝手なことを言う妻に、腹を立てる気持ち。

小説の中では、「…と思った」などのように、気持ちがはっきりと書かれているとは限りません。人物の表情、行動、会話の中に心情があります。

**■解答**　(1)イ　(2)ア

## ポイント・3　会話部分に注目しよう

★次の文章を読んで、あとの問題に答えよう。

駅に着くと、二十分に一本の特急電車が出たばかりだった。夕食にはまだ早い時刻だったが、修一《しゅういち》は勇輝の顔を覗《のぞ》き込んで言った。

「勇輝、ラーメンでも食うか」

「いいよ、どっちでも」

「腹減ってるだろ」

「べつにそんなことないけど、お父さん食べたいんでしょ？　①だったらいいよ」

「お父さんが、じゃなくて、おまえはどうなんだ？」

「だから、どっちでもいい」

「……食いたいのか食いたくないのか、②それくらいわかるだろ」

修一が少し鼻白んで言うと、勇輝は困惑して首をひねり、

「あれば食べるけど、なくてもべつにいいけど」と返す。

勇輝はいつも、そういう言い方をする。「よし、じゃあ食うか」と修一が決めてラーメン屋に入れば一人前をたいらげるだろうし、「だったらよそう」となっても、べつに残念がるそぶりは見せないだろう。

重松清「はずれくじ」より

### 問題

(1)　――線部①「だったらいいよ」とありますが、ここから読み取れることとして、適切なものを次から一つ選び、記号で答えなさい。

ア　自分の意見をはっきり言うのではなく、主人公に判断を任せていること。

イ　自分の意見をはっきりともち、主人公に伝えようとしていること。

ウ　食べるのか食べないのか、決められず、迷いながら考えていること。

(2)　――線部②「それくらいわかるだろ」とありますが、ここから読み取れる修一の気持ちとして、適切なものを次から一つ選び、記号で答えなさい。

ア　自分がどうしてもラーメンを食べたいという気持ち。

イ　勇輝が何を言おうと、特に興味がないという気持ち。

ウ　勇輝自身に意見をはっきり言ってほしいという気持ち。

会話文の内容から、勇輝の性格を捉えることができたかな？

■解答　(1)ア　(2)ウ

ステップ2

## 文学的文章①のポイント練習

■次の文章を読んで、あとの問題に答えなさい。

どこにも、勇輝《ゆうき》はいなかった。思い当たる場所は、あとは塾しかない。①まさかとは思いながら、線路沿いの道をしばらく進み、塾の入っている雑居ビルの前で自転車を停《と》めた。夜九時を過ぎているのに、塾のある四階の窓には煌々《こうこう》と明かりがともっていた。中の様子は、道路からはなにもわからない。

線路に面した窓に、大きく電話番号が書いてある。修一《しゅういち》は携帯電話を取り出した。事務室に、電話がつながる。「お電話ありがとうございます、入塾のお問い合わせでしょうか?」と、いかにもマニュアルめいた若い男の声をかわして、授業日の※ローテーションを訊《き》いた。

②中一の基礎クラスは――「月曜と木曜ですが」と男は言った。

「火曜日と金曜日じゃないんですか?」

「あ、それ、十二月までなんです。一月からは三年生の生徒さんが受験の追い込みに入るんで授業が増えるんですよ、それで、教室の都合で一年生の基礎クラスには曜日を移ってもらったんです」

---

(1)　――線部①「まさかとは思いながら」とありますが、これは、修一のどのような気持ちを表していますか。次から適切なものを一つ選び、記号で答えなさい。↓ポイント2

ア　塾にいると確信している。
イ　塾にはいないだろうと思っている。
ウ　塾には行きたくないと思っている。
エ　塾に行きたいと思っている。

(2)　――線部②「中一の基礎クラス」とありますが、勇輝の通う基礎クラスは、何曜日から何曜日に移りましたか。次から適切なものを一つ選び、記号で答えなさい。↓ポイント1

ア　月曜日・金曜日から火曜日・木曜日に移った。
イ　月曜日・木曜日から火曜日・金曜日に移った。
ウ　火曜日・木曜日から月曜日・金曜日に移った。
エ　火曜日・金曜日から月曜日・木曜日に移った。

(3)　――線部③「いま、授業中ですか?」とありますが、修一はなぜこんなことをきき返しているのですか。次の文の□にあてはまる言葉を書きなさい。↓ポイント3

・勇輝が今、□ことを確かめたかったから。

「じゃあ……③いま、授業中ですか？」

「ええ。あと二、三分で終わりますが」

街じゅう走り回った疲れがいっぺんにのしかかって、その場にしゃがみこんでしまいそうになった。④ため息と苦笑いが頬からいっしょに漏れる。考えすぎだってば、とあきれる淳子《じゅんこ》の顔が浮かんだ。

額の生え際《ぎわ》ににじんだ汗を手の甲で拭《ぬぐ》っていたら、ビルの※エントランスが急に騒がしくなった。授業を終えた生徒たちが外に出てきたのだ。

修一は自転車を漕《こ》いで、⑤少し離れた暗がりで停めた。

生徒たちは自転車を取りにビルの裏に回ったり立ち話をしたりして、なかなか帰ろうとしない。教室から出てくる生徒の流れも途切れず、無意味な大声をあげたり、もっと無意味に追いかけっこをしたりして、修一にも覚えがある、昼休みの学校の廊下のようなにぎわいだった。

そのなかに、勇輝も、いた。

重松清「はずれくじ」より

※・ローテーション…ここでは、授業が行われる予定のこと。
・エントランス…入り口。玄関。

(4)　――線部④「ため息と苦笑い」とありますが、このときの修一の気持ちとして、適切なものを次から一つ選び、記号で答えなさい。↓ポイント2

ア　塾から出てくる勇輝と顔を合わせることが嫌で、逃げ出したくなるような気持ち。
イ　勇輝が本当に塾にいるのかどうか、心配で、落ち着かない気持ち。
ウ　勇輝が塾にいるらしいことがわかって、ほっとする気持ち。
エ　授業日の変更に驚き、あらかじめ言わなかった勇輝を恨む気持ち。

(5)　――線部⑤「少し離れた暗がりで停めた」とありますが、なぜ暗がりにとめたのですか。次から適切なものを一つ選び、記号で答えなさい。↓ポイント2

ア　塾から出てくる勇輝を驚かそうと思ったから。
イ　勇輝と顔を合わせたくないと思ったから。
ウ　勇輝の自転車に乗っていたので、ばつが悪いから。
エ　子どもを迎えにきた父親だと思われたくなかったから。

# ステップ3　文学的文章①の応用問題

■次の文章を読んで、あとの問題に答えなさい。

生徒たちは自転車を取りにビルの裏に回ったり立ち話をしたりして、なかなか帰ろうとしない。教室から出てくる生徒の流れも途切れず、無意味な大声をあげたり、もっと無意味に追いかけっこをしたりして、修一《しゅういち》にも覚えがある、昼休みの学校の廊下のようなにぎわいだった。

そのなかに、勇輝《ゆうき》も、いた。

ダッフルコートを着た女の子と二人でしゃべっていた。笑っている。照れくさそうに、だが淳子《じゅんこ》や修一に見せるときとは違う、頬をゆるめきらない笑顔だった。べつにうっとうしそうでもないのに、何度も前髪を掻き上げる。ちょっとすねたようにズボンのポケットに手を入れて、斜にかまえて肩を揺らす。なにを話しているかは聞こえないが、きっと、①おとなの声だ。

女の子は、じゃあねバイバイ、というふうに手を振って、小走りに修一のほうに向かってきた。

②まずい――と思う間もなく、彼女を見送る勇輝と目が合った。

逃げるのは、やめた。勇輝も驚いた顔で、まっすぐ修一を見つめていた。女の子が修一の脇《わき》を通り過ぎる。ショートヘアにつけたカチューシャが似合う、目のくりっとした女の子だった。

一人になった勇輝は、エントランスの階段に座って話していた男子のグループに、こっち来いよ、と手招かれた。しぐさも、派

(1)　――線部①「おとなの声」とありますが、なぜそのような声で話したと思われたのですか。次から適切なものを一つ選び、記号で答えなさい。

**ア**　両親に見せるのとは違う表情で、女の子の前でちょっと気取った態度を見せていたから。

**イ**　勇輝が塾にいるときのことは、全く知らなかったので、家で見る勇輝とは違って見えたから。

**ウ**　両親から離れて、大人になりたいと願っている勇輝の気持ちを初めて知ったから。

**エ**　勇輝がいやいや塾に通っていることが、勇輝の表情からわかったから。

(2)　――線部②「まずい」とありますが、修一にとって、何がまずかったのですか。次の文の□にあてはまる言葉を書きなさい。

・勇輝と話していた女の子が、修一のほうに向かってきたので、勇輝と□、見つかってしまうこと。

(3)　――線部③「がんばれ」とありますが、これは修一のどんな気持ちを表していますか。次から適切なものを一つ選び、記号で答えなさい。

手な色使いのサテンのジャンパーを羽織ったいでたちも、あまりまじめそうな連中ではない。竹内《たけうち》という同級生も、そこにいるのかもしれない。

勇輝は、気まずそうに修一から目をそらし、階段のほうを振り向いた。さっきまでと同じようにワルぶったポーズをつけていても、親にはわかる、根っこのところで媚《こ》びて、もっと根っこを探ればおびえて、横顔がへへッと薄く笑う。

修一は自転車のハンドルを握りしめた。③がんばれ、と唇を結ぶ。

勇輝は、連中と二言三言、言葉をかわした。

「なんでだよお」連中の一人が、粘つくような声を張り上げた。

「いいじゃんよ、行こうぜ」

ごめんごめん、と片手拝みを返した勇輝は、修一のほうに駆け出しながら、顔だけ彼らに残して言った。

「悪い、オヤジと帰るから！」

初めて聞いた。

一瞬、④それが自分のことだとはわからなかった。

勇輝は修一のすぐそばまで来て、立ち止まった。うつむいて、ちらりと上目遣いで修一を見て、くすぐったそうにもぞもぞして、またうつむく。

修一は自転車を降りて、「帰ろう」と言った。

勇輝は黙ってうなずいた。

重松清「はずれくじ」より

---

**ア**　自分の知らないところで、夜遅くまで勉強している息子を、応援する気持ち。
**イ**　楽しそうに話していた女の子と、これからも仲良くしていけるように応援する気持ち。
**ウ**　手招かれた男の子のグループと、打ち解けられるように応援する気持ち。
**エ**　あまりまじめそうでないグループからの誘いを断れるよう応援する気持ち。

（4）　――線部④「それ」とありますが、何を指していますか。次の文の□にあてはまる言葉を、本文中から抜き出しなさい。
・息子の言う「□」。
（　　　）

（5）　修一に言いたいことがあるようで、はっきりとは言えない勇輝の様子が表れている**一文**を本文中から抜き出し、**初めの五字**を書きなさい。

# 3 文学的文章②
## ～友情をテーマにした物語文～

### ステップ1 主人公をめぐる状況と心情をつかもう

：物語を読んでいくうちに、主人公に同情したり、反発したりすることはない？

：あります。つい、実在する人みたいに感じてしまうこともありますね。

：**主人公の周りで何が起きているのか**、そのために、**主人公がどんなふうに考えるか**、ということを自分に置き換えてみると、わかりやすいかもしれないね。

：なるほど。自分だったら、こうだろうと。

：うん。小説の読解問題を解くには、その場面を思い浮かべることが大事だからね。自分がその中に入っていけるのなら、それ以上のことはないよ。

：楽しいお話だったらいいなあ。悲しいお話には入っていきたくないですねえ。

：そういう問題じゃないよ。

---

**ポイント1 主人公をめぐる状況を読み取ろう**

・主人公はどんな人物なのかを知ろう。

・主人公の周りで何が起きているのか、まとめよう。

**ポイント2 主人公の気持ちを読み取ろう**

・主人公の気持ちを表す動作や言葉に注目しよう。

**ポイント3 登場人物についてまとめよう**

・主人公とその周りの人々との関わりを捉えよう。

新しい友達
主人公（転校生）
新しい先生

小説の主人公のことを読み取るには、まず主人公がおかれた状況を押さえておかなければならない。その状況が心情に影響を及ぼすこともあるからね。そういったことを中心に学習していこう。

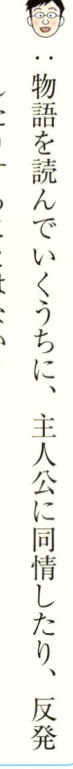

## ポイント1　主人公をめぐる状況を読み取ろう

★次の文章を読んで、あとの問題に答えよう。

初めが肝心なんだ。

心の中で自分自身にいい聞かせた。初めに弱味を見せると、相手はその後もずっと弱い箇所を突いてくる。

修《おさむ》が転校するのは、これで三度目であった。

小学三年生の時に一度、中学校に上がってから二度目になる。

二回の経験から、転校生の自分がみんなから※好奇の目で見られるのは分かっていた。好奇の目だけならまだしも、なかには敵意を持ったまなざしもあった。

気に食わないやつだ、そう思われたが最後、集中的に攻撃される。攻撃されないようにするには、初めから下手《したて》に出ないことだ。かといって※高飛車に出るのは、かえって反感を買いかねない。相手につけ入る隙《すき》を見せないのが肝心なのだ。胸を張り、堂々と振舞って、決して弱味を見せないこと。

森詠「少年記　オサム14歳」より

※・好奇…珍しいものや変わったものに興味を示すこと。
・高飛車…頭ごなしに相手をおさえつけようとする様子。

**問題**

(1) 主人公の修について正しく述べたものを、次から一つ選び、記号で答えなさい。
ア　修は初めての転校を体験しようとしている。
イ　修が転校するのはこれが三度目である。
ウ　修にとって転校は、苦痛でしかない。

(2) 修は、自分がみんなからどのように見られると思っていますか。次から適切なものを一つ選び、記号で答えなさい。
ア　誰からも歓迎の目で見られるに違いない。
イ　クラス全員に敵意に満ちた目で見られるはずだ。
ウ　珍しいものでも見るように見られるだろう。

この小説の主人公は、転校するという経験をしています。このような特殊な事情がある場合、主人公をめぐる状況を捉えることは、とても重要です。他の登場人物とどのように関わるのか、主人公自身の考え方にどんな影響を与えているのか、まずは、状況を正確につかんでおきましょう。

**■解答**　(1) イ　(2) ウ

## ポイント2　主人公の気持ちを読み取ろう

★次の文章を読んで、あとの問題に答えよう。

二年一組の教室は、一階の北の端にあった。教室が近付くにつれ、心臓が高鳴った。①足取りが次第に重くなった。

「大丈夫よ。心配しなくても」

大月《おおつき》先生は修《おさむ》の肩に優しく手をかけ、教室の戸を開けた。ざわめいていた生徒たちが急に静かになった。修はクラス全員の視線が一斉に自分に集中するのを感じた。

「起立ッ」「礼ッ」

大月先生は教壇に立ち、挨拶が終《お》わると、早速、修を呼んで壇上に登らせた。

「今日から、このクラスの一員になる城山《しろやま》修くんです。みんな仲良くしてね」

修は一つ深呼吸をすると、②目を怒らせて、クラスの中を見渡した。予想した通りに、好奇に満ちた視線が多い中、鋭く睨《にら》み返す男子生徒たちも何人かいた。修は自己紹介をしながら、さり気なく、※眼《ガン》を飛ばしてきた連中の顔を探り、目の奥に焼きつけた。

※眼を飛ばす…にらみつけること。

森詠「少年記　オサム14歳」より

### 問題

(1)　――線部①「足取りが次第に重くなった。」とありますが、ここから修のどんな気持ちが読み取れますか。次から適切なものを一つ選び、記号で答えなさい。

ア　緊張して不安になっている気持ち。
イ　うれしくて早く教室に入りたいという気持ち。
ウ　本心を先生に言おうかどうか迷う気持ち。

(2)　――線部②「目を怒らせて、クラスの中を見渡した」のはなぜですか。次から適切なものを一つ選び、記号で答えなさい。

ア　自分が怒っていることをみんなに知らせたいから。
イ　みんなを前にしておびえているのを隠したいから。
ウ　すきを見せず、堂々と振る舞いたいから。

大月先生の「大丈夫よ。心配しなくても」という言葉からも、修の気持ちが読み取れるね。もし、自分が転校したら、どんなだろうって、想像してみたら、わかりやすいかもしれないよ。

■解答　(1)ア　(2)ウ

## ポイント3 登場人物についてまとめよう

★次の文章を読んで、あとの問題に答えよう。

「では、城山くんの席は、吉川《よしかわ》くん、あなたの隣りね。当分の間、あなたが面倒みてよ」

吉川と呼ばれた生徒は、ガタンと椅子《いす》を鳴らして立ち上がり、「はいッ先生」と※素頓狂《すっとんきょう》な声で応《こた》えた。教室中が吉川のおどけた応えにどっと沸いた。

「おめえ、魚獲りやんのか?」

修が席に着いた途端、吉川は小声で囁《ささや》いた。

「やるよ。魚獲りは好きだ」

「俺、魚獲りが得意なんだ。今度那珂川《なかがわ》さ、一緒に魚獲り行くべ。※イワナの獲れる秘密の場所を教えてやっぺ」

後で分かったことだが、吉川英雄《ひでお》はクラスで一番の剽軽《ひょうきん》者だった。父親は教育者で町の名士でもあった。吉川の学校の成績はあまり良いとはいえなかったが、裏表のない気のいい少年だった。大月先生は前もって吉川に対し、修の友だちになるように話をしていたのだった。

森詠「少年記 オサム14歳」より

※・素頓狂…急に調子はずれなことをする様子。
・イワナ…サケ科の魚。川や湖にすむ。

**問題** 登場人物についてまとめた次の文の□にあてはまる言葉を字数に合わせて抜き出しなさい。

❶ 吉川英雄…父親が町の名士で、クラス一の剽軽者。[1](二字)のない性格。[2](三字)が得意で、修を誘う。

❷ 大月先生…転校生の修のことを気づかって、修の[3](三字)になってくれるように、[4](二字)にあらかじめ話していた。

1 □□
2 □□□
3 □□□
4 □□

ここでは、主人公のことを気にかける人物が二人出てきます。まず、二人の**人物像**を捉えましょう。また、**主人公とどのように関わっているのか**を、しっかり確かめておきましょう。

■**解答** 1裏表 2魚獲り 3友だち 4吉川(英雄)

# ステップ2 文学的文章②のポイント練習

■次の文章を読んで、あとの問題に答えなさい。

「※雑魚《ざこ》のやつらは、流れの早い瀬とゆっくりとした淀《よど》みの境い目あたりに集まってんだ。そこへ、入れれば寄ってくっぺ」

英雄《ひでお》は修《おさむ》に①講釈をしながら、塩辛が入ったカゴを流れに乗せるように水に入れた。修も昭《あきら》もカゴが茶褐色の川の波間に消えるのを睨《にら》んだ。カゴは狙い通り、淀みと急流との境い目付近に沈んだ。

修と昭も英雄が糸を垂れた付近に釣竿《つりざお》を垂らした。カゴの餌の臭いに引かれて寄ってくる魚たちを狙うのだ。修たちはぐっと水面を睨みながら待った。握った竿に微妙な震動が伝わってくる。神経を澄まして魚が針にかかるのを待ち受けた。

濁流の中を泳ぐ魚の様子を心の中で想像した。何十匹もの雑魚たちが餌の臭いに引き寄せられてくる。英雄は何度もポイントを変え、※魚信《あたり》が竿に伝わるのを待った。修も②固唾《かたず》を呑《の》んで竿を動かす。

「来た！」英雄が大声で叫んだ。

英雄は釣竿をぐいっと引いた。流れにカゴを乗せ、巧みに河岸へと寄せた。茶褐色の波間に魚の白い鱗《うろこ》がきらめいた。

(1) ——線部①「講釈」とありますが、これはどのような様子を表していますか。次から適切なものを一つ選び、記号で答えなさい。→ポイント1

ア 英雄が修に質問をしている様子。
イ 英雄が修に説明をしている様子。
ウ 英雄が修に謝っている様子。

□

(2) 英雄が修に、——線部①のようにしたのは、なぜだと思いますか。次から適切なものを一つ選び、記号で答えなさい。→ポイント3

ア 英雄が修に釣ってほしいと思っているため。
イ 英雄が修よりも魚釣りが上手だと思わせるため。
ウ 英雄が修を従わせたいと思っているため。

□

(3) ——線部②「固唾を呑んで」とありますが、このときの修の気持ちとして適切なものを、次から一つ選び、記号で答えなさい。→ポイント2

ア 釣りに飽き始め、少しでも早く帰りたいという気持ち。
イ なかなか魚が釣れないことにいらだっている気持ち。
ウ 釣りがあまり上手でないことを恥ずかしく思う気持ち。
エ 魚がかかるのを待ち、今か今かとどきどきする気持ち。

□

③修は自分の竿を河原に放り出して、英雄の釣り上げた魚に駆け寄った。英雄も竿を河原に置き、※道糸をたぐりながら、魚を浅瀬に引き寄せた。

「大物だあ」

※ヤマベが銀色の鱗をきらめかせて浅瀬を跳ね回っていた。修は河原の石と石の間に挟まったヤマベを両手で押さえた。ヤマベは手の内で暴れ回った。ぬるぬるとした感触は少し気持ち悪かったが、生きた命を掌《てのひら》の中にしっかりと捕える満足感があった。

森詠「少年記　オサム14歳」より

※・雑魚…いろいろな種類の小さな魚。
・魚信…釣りで、魚が餌に触れたり、食いついたりすること。
・道糸…釣竿の先から、釣り糸が付いている糸をつなぐ長い糸。
・ヤマベ…サケ科の魚。ヤマメのこと。

英雄が魚を釣り上げる場面が中心になっているよ。状況を確かめながら、修と英雄の心情をしっかり捉えよう。

(4) ——線部③「修は……駆け寄った。」とありますが、このときの修の気持ちとして適切なものを、次から一つ選び、記号で答えなさい。↓ポイント2

**ア** 英雄が叫ぶのを聞いても、本当に魚が釣れたのか、疑う気持ち。

**イ** 自分が先に釣りたかったのに、英雄に先を越されて悔しく思う気持ち。

**ウ** 英雄が釣った魚を早く見たいと、いても立ってもいられない気持ち。

**エ** 釣り上げられて、浅瀬で跳ね回っているヤマベを怖がっている気持ち。

(5) 英雄が釣り上げたヤマベに対する、修の感動した気持ちが表現されている部分を、本文中から**二十字**で抜き出しなさい。↓ポイント2

# ステップ3　文学的文章②の応用問題

次の文章を読んで、あとの問題に答えなさい。

英雄《ひでお》は※魚籠《びく》の蓋を開けた。修《おさむ》は摑《つか》まえたヤマベを魚籠の中に放った。魚籠の中に入れられたヤマベは大人しくなり、口をぱくぱくさせていた。ヤマベ特有の※斑紋が見えた。英雄は魚籠を浅瀬の水に浸け、石で周りを囲んだ。

修は自分の竿《さお》を拾い上げ、糸を引き上げた。釣針にはミミズがついていなかった。修はまた新しいミミズを缶から摘《つま》み、針に刺して吊《つる》した。英雄も①大急ぎで針に餌をつけ、カゴを流れに乗せて淀《よど》みに戻す。

「今度は、もっと大物を釣るぞ」

英雄は得意気に鼻を動かした。

「――釣れたッ」

今度は昭《あきら》が大声で叫び、竿を上げた。濁った水面から小ぶりだが元気のいい雑魚《ざこ》が糸に引かれて躍り出た。雑魚は宙に銀色のしずくを撒《ま》き散らした。昭は雑魚を手許《てもと》に引き寄せ、[A]した顔で魚を針からはずし、魚籠に入れた。

「ま、ちっこいけんど、釣れねえよりはよかんべ」

昭は嬉《うれ》しそうに歯を見せて笑った。

「②俺の方にも、魚、来ねえかな」

(1)　――線部①「大急ぎで針に餌をつけ」とありますが、英雄が急いでいるのは、なぜですか。次から適切なものを一つ選び、記号で答えなさい。

ア　他の二人よりも先に釣りたいと思っているから。
イ　早く次の魚を釣りたいと思っているから。
ウ　修に釣り方を教えたいと思っているから。
エ　もうすぐ帰らなくてはならなくなるから。

(2)　本文中の[A]にあてはまる言葉として、適切なものを次から一つ選び、記号で答えなさい。

ア　ほくほく
イ　さばさば
ウ　くよくよ
エ　いらいら

(3)　――線部②「俺の方にも、魚、来ねえかな」とありますが、この時の修の気持ちに**あてはまらないもの**を、次から一つ選び、記号で答えなさい。

ア　自分も早く釣りたいという気持ち。
イ　釣れないからつまらないという気持ち。
ウ　どうして魚信がないのかという気持ち。
エ　ここにいるだけでうれしいという気持ち。

修は濁流で渦巻く川の流れを睨《にら》んだ。魚が群れていそうな場所に餌を入れているのに竹竿にはぴくりとも、魚信《あたり》はなかった。

それでも修は満足だった。足許を勢いよく流れていく水面を見ていると、自分の軀《からだ》が上流に向かって動いているように見えてくる。※耳を聾《ろう》する川の音は船の舳先《へさき》が荒海の水面を分けて進む音だ。修の船はぐんぐんと速度を上げて突進する。

手にぴくっという魚信があった。③修は我に返った。竿の先が丸くしなっていた。ぴんと伸びた道糸が急流の方に入ろうとしていた。

「④オサム、引け」

英雄の声に、修は夢中で竿を上げた。瞬間、灰色の空に魚が舞った。銀白色をした腹が光った。赤味を帯びた斑紋が横腹に見える。

「マスでねえか?」

「いや、ちがう。ヤマベだ」

修は竿を立てた。道糸に吊された魚が修の手許に飛んで来た。修は大きなヤマベを手で摑まえた。

森詠「少年記　オサム14歳」より

※・魚籠…釣った魚を入れておく器。　・斑紋…まだらの模様。
・耳を聾する…耳を聞こえなくするほどの。

---

(4) 本文中に、修が現実にはない想像の景色を見ている部分がありますが、その部分を、**ひと続きの二文**で抜き出し、**初めの五字**を書きなさい。

(5) ――線部③「修は我に返った。」について、次の問題に答えなさい。

❶ 「我に返る」とは、どういうことですか。次の文の□にあてはまる言葉をあとから選び、記号で答えなさい。

・魚が釣れないまま、□に見入っていた修が、ふと気がついたということ。

**ア** 灰色の空　**イ** 英雄が釣った魚
**ウ** 川の流れ

❷ 修が我に返ったのは、何が原因ですか。本文中から**漢字二字**で抜き出しなさい。

(6) ――線部④「オサム、引け」とありますが、修が竿を引き、どんな結果になりましたか。簡潔に書きなさい。

# 4 文学的文章③
## ～心の成長をテーマにした物語文～

**ポイント1 表現の特徴をつかもう**

・たとえを使った表現などを捉えよう。

**ポイント2 主人公の人物像を捉えよう**

・主人公がどのような人物か、どのような考えをもった人か、まとめておこう。

**ポイント3 主人公の成長・変化を読み取ろう**

・どんなことをきっかけにして変わったのか、読み取ろう。

### ステップ1 主人公の成長を捉えよう

：小学生や中学生が、**成長していく姿を描いた作品**は多いよね。

：国語の教科書などにもありますね。

：うん。いつの時代にも変わらないテーマなのかもしれないね。だから、入試問題にも取り上げられたりするんだ。

：そういう作品を読み取るには、どこに気をつけたらいいでしょうか？

：主人公が**何をきっかけに変わっていくのか**、どんなふうに変わっていくのか、そういう視点で読み取りたいね。

：わかりました。このへんで私《わたし》も、成長したところ、見せちゃいますか。

：そう願いたいもんだね。

一般に、主人公の成長を扱った小説は多い。小学生や中学生が主人公である場合は特にそう言えそうだね。成長と言えなくても、考え方や感じ方が、何かをきっかけに変化していくことは、みんなも経験していることだよね。

## ポイント・1　表現の特徴をつかもう

★次の文章を読んで、あとの問題に答えよう。

　七月二十日から夏期休暇にはいったが、その日から十日間、静浦《しずうら》で泳ぎのできない低学年の生徒のために、水泳の講習会が開かれた。※三年生の洪作《こうさく》はそれにはいった。洪作は小学生時代を郷里の伊豆《いず》の山村で送っていて、夏は毎日のように川にはいっていたので、川なら、どんな急流でもそれに体を投げ込むことができたが、海となると、※からきし※意気地がなかった。

　渓流の石と石との間を、流れの力を借りて、下流へと体を流して行くことを、村の子供たちはナンガレと呼んでいたが、その名の如《ごと》く泳ぐのではなくて流れるのである。洪作もナンガレはできたが、海においてのまともな泳ぎはできなかった。

井上靖「夏草冬濤」より

※・三年生…旧制中学の三年生。今の中学三年生と同じ年齢。
・からきし…下に打ち消しの語を伴って「まったく～ない」という意味。
・意気地…物事をやりとおそうとする気力。

### 問題

(1) 本文中では、川の水の中に飛び込む様子を、どのように表現していますか。**六字**で抜き出しなさい。

川に［　　　　　　］

(2) 本文中では、川の流れに任せて体を流してしまうことを、「ナンガレ」と呼んでいますが、それに対して、海で泳ぐことを何と表現していますか。**六字**で抜き出しなさい。

海においての［　　　　　　］

川の水にはいって流れることと、海で泳ぐことは違う――少なくとも、洪作はそのように考えているようです。だから、「ナンガレ」はできるのに、泳ぐことはできないのです。どうしてそう考えてしまうのか、このあと、その理由がわかります。

作品によって、独特の表現があるよ。何かにたとえて表現するというのも、よくある方法。それがどんな効果を生んでいるかも考えて読んでみよう。

■**解答**　(1)体を投げ込む　(2)まともな泳ぎ

## ポイント2　主人公の人物像を捉えよう

★次の文章を読んで、あとの問題に答えよう。

洪作《こうさく》はナンガレができるくらいだから、潮の中へ体を浮かすことはできた。泳ぎもすぐ覚えることができた。ただ深いところへ行くことはできなかった。体も浮くし、多少の泳ぎもできるので、指導に当っている上級生の命令通り、飛込台《とびこみだい》の設けられてあるところまでは、普通の少年なら、なんでもなく行くことができる筈《はず》だったが、洪作はそれがだめだった。ここは大海の一部であり、底知れぬ深さを持った海につながっているのだと思うと、ふいに恐怖心が彼を襲った。

「もう、おまえは大丈夫だ。二十メートルや三十メートルはらくに泳げる筈だ」

上級生は言ったが、洪作は飛込台のところまで行くことなど思いもよらなかった。いつも※後込《しりご》みした。

井上靖「夏草冬濤」より

※・後込み…尻込み。ためらうこと。

### 問題

(1)　本文の内容に合うものを、次から一つ選び、記号で答えなさい。

ア　洪作は、海の浅いところなら少しは泳げた。
イ　洪作に、海への恐怖心はなかった。
ウ　洪作は、深いところへ行けるようになった。

(2)　——線部「飛込台のところまで行くことなど思いもよらなかった」とありますが、それはなぜですか。次の文の□にあてはまる言葉を、字数に合わせて本文中から抜き出しなさい。

・自分のいる場所が、大海の一部であり、［1］(六字)を持った海につながっているのだと思うと、ふいに［2］(三字)に襲われるから。

1 □□□□□□
2 □□□

主人公の洪作がどんな人物か、わかりましたか。なぜ海で泳げないのでしょうか。しっかりつかみましょう。

■解答　(1)ア　(2)1底知れぬ深さ　2恐怖心

## ポイント・3 主人公の成長・変化を読み取ろう

★次の文章を読んで、あとの問題に答えよう。

（洪作は、五年生の岡《おか》に飛込台まで連れて行かれて無理に飛び込まされ、そこから帰れなくなって四年生の金枝《かなえ》たちに救出された。その翌日のこと。）

洪作はその日も潮の中にはいったが、昨日までとは違って、さほど海が怖くなかった。足の立たない深いところへも平気で泳いで行くことができた。

五年生の岡がやって来て、そんな洪作に、

「みろ、泳げるようになったじゃないか」

と言った。

「昨日、俺が飛込台から突き落してやったせいだ。あのくらいのことをしないとだめなんだ」

洪作は返事をしなかった。自分が泳げるようになったのは、飛込台から突き落されたためではない。自分を救《たす》けに来てくれた三人の少年たちの、海を何とも思わない動作が、堪《た》まらなく美しく見えたからなのだ。少年たちが次々に潮の中へ突きささって行くのを見ているうちに、潮への恐怖が薄らいでしまったのだ。

井上靖「夏草冬濤」より

**問題** ——線部「洪作は返事をしなかった。」とありますが、それはなぜですか。次の文の□にあてはまる言葉を、字数に合わせて本文中から抜き出しなさい。

・洪作は、自分が泳げるようになったのは、岡によって飛込台から突き落とされたからではなく、自分を助けにきてくれた三人の少年たちの、海を［1］（七字）動作が堪まらなく［2］（三字）見え、その姿を見ているうちに海への［3］（二字）が薄らいだからだと思っているから。

1

2

3

人の成長や、変化を描いた作品が読解問題として出題されることはよくあります。人は、どんな理由で変わるのでしょうか。

泳げるようになった洪作。どうして急に泳げるようになったのかな？ 心の中でどんな変化が起こったからだろう。洪作自身はどう思っているのかな。

**■解答** 1何とも思わない 2美しく 3恐怖

# ステップ2　文学的文章③のポイント練習

■次の文章を読んで、あとの問題に答えなさい。

洪作《こうさく》は岡《おか》の手を払って立ち上がった。そしてもう一度下をのぞいた。海面まではさっきよりまた遠くなっている。①洪作は再び坐《すわ》り込んだ。岡が襲いかかって来た。もみ合っているうちに洪作は中腰になった。その洪作の背を岡の手が突いた。洪作の体は飛込台《とびこみだい》から離れた。

「自分で飛び込む」

洪作は②自分の体が、雑巾でも落ちて行くように、ひどくみじめな固まりとなって落下して行くのを感じた。何か大きな叫び声を口から出したと思うが、あとは夢中だった。小さい三角波がぶささぶつかり合っている紺青《こんじょう》の海面が、あっという間に近付いたと思うと、洪作はその中に自分の体が突きささるのを感じた。

腹部に烈《はげ》しい痛みを覚えた。それと一緒に潮の中へ沈んで行ったが、すぐまたそこから弾き返された。ひょっこりと首が海面に出た。何も見えなかった。首を出した周囲は波ばかりだった。

うわあっ！　洪作は手をばたばたさせた。溺れると思った。が、すぐ本能的に足だけを動かす立ち泳ぎの姿勢をとった。

(1)　――線部①「洪作は再び坐り込んだ。」とありますが、なぜすわり込んだのですか。次から適切なものを一つ選び、記号で答えなさい。　↓ポイント2

**ア**　洪作に岡が襲いかかってきたから。
**イ**　洪作には海面がさっきより近く感じられたから。
**ウ**　洪作は体の調子が悪かったから。
**エ**　洪作は海に飛び込む勇気がなかったから。

□

(2)　――線部②「自分の体」とありますが、海に落下していく洪作自身の体のことを、比喩的に表現している部分が、二つあります。それぞれ**二字・十字**で抜き出しなさい。　↓ポイント1

□□

□□□□□□□□□□

(3)　――線部③「やれ、やれと思った。」とありますが、このときの洪作の気持ちとして、適切なものを次から一つ選び、記号で答えなさい。　↓ポイント3

**ア**　洪作は、海に対して恐怖を覚えていたが、海の中に飛び込んでみると、海を愛する気持ちに変化した。

体は浮いていた。首を海面に出したひどく頼りない格好だが、体が浮いていることだけは確かだった。飛込台から飛び込んだ筈《はず》なのに、その飛込台はどこにも見えなかった。すると、自分を海の中へ突き落した岡の顔が、一メートルとは離れていないすぐ近くの潮の中から浮かび上がって来た。

岡は口から海水を吐き出してから、

「岸まで泳いで行け。俺がついて行ってやる」

「俺、だめだ。――飛込台まで連れてって、溺れる」

洪作は必死だった。本当に溺れそうだった。

「ばか、櫓《やぐら》はおめえのうしろにあらあ」

その言葉で、洪作は夢中で体の向きを変えた。なるほど飛込台は一メートルと隔たっていないところにあった。洪作は、いきなり、その脚の一本に摑《つか》まった。③やれ、やれと思った。ここに摑まっている限りは、深い海底へ落ち込んで行く心配はなかった。

飛込台の裾《すそ》にかじりついてから、④恐怖感が改めて洪作をわし摑みにした。

「おい、泳いで行こう」

岡は言った。冗談ではないと思った。

井上靖「夏草冬濤」より

---

イ　洪作は泳ぎに自信がなかったが、飛込台から飛び込めたので、自信に満ちた気持ちに変化した。

ウ　洪作は溺れると思っていたが、飛込台の脚につかまることができてほっとした気持ちに変化した。

エ　洪作は溺れることを恐れていたが、岸まで泳いで行こうと自分を励ます気持ちに変化した。

□

(4)　――線部④「恐怖感が改めて洪作をわし摑みにした」とありますが、このとき洪作が恐怖を感じた理由として、適切なものを次から一つ選び、記号で答えなさい。↓ポイント3

ア　自分が、深い海底に落ち込んで行く姿を想像してしまったから。

イ　自分で岸まで泳いで帰らなければならないことを思い出したから。

ウ　岡にまた飛込台から突き落とされるのではないかと考えてしまったから。

エ　泳げない洪作は、ここから移動するには岡に頼るしかないから。

□

# ステップ3　文学的文章③の応用問題

■次の文章を読んで、あとの問題に答えなさい。

「四メートルや五メートル泳げれば、あとは幾らでも泳げるよ。泳げると思って泳げば泳げる。泳げないと思ったら、すぐだめになる。飛び込みだって同じだ。怖いと思ったら飛び込めやあしない。――それにしても、災難だったな」

金枝《かなえ》は笑った。

「①飛び込みはさっきやった」

洪作《こうさく》が言うと、

「どこで?」

「ここで」

「じゃ、泳げるじゃないか」

「泳げないが、突き落されて、飛び込んだんだ」

「そして、どうした?」

「浮き上がって来たんで、すぐ櫓《やぐら》の足につかまった」

「ふーむ」

金枝は感心したように頷《うなず》いた。そこへ、さっきの②二人の少年が上がって来て、色のまっ黒な、見るからに敏捷《びんしょう》そうな小柄な少年が言った。

「夕暮モ迫ッテマイリマシタレバ、ソロソロ帰参イタストシ

(1)　――線部①「飛び込みはさっきやった」とありますが、洪作は、飛び込みがどんな様子だったと言っていますか。次から適切なものを一つ選び、記号で答えなさい。

**ア**　難なく飛び込み、立派に泳いだ。
**イ**　自分から進んで飛び込んだ。
**ウ**　浮き上がって来られず溺れた。
**エ**　浮き上がって、すぐ櫓の足につかまった。

(2)　――線部②「二人の少年」とありますが、この少年たちのことを次のようにまとめました。次の文の□にあてはまる言葉を、字数に合わせて本文中から抜き出しなさい。

・一人は色の 1 (三字)な、見るからに敏捷そうな 2 (二字)な少年で、もう一人は 3 (四字)した体つきで、何となく不敵なものを顔に浮かべている少年。

1

2

3

(3)　――線部③「デハ、若君ヲソロソロ、ボートニオ移シ申ソウカ」について、次の問題に答えなさい。

テハ、イカガデゴザル」

するとと、他の一人の、ずんぐりした体つきの、何となく不敵なものを顔に浮かべている少年が言った。

「③デハ、若君ヲソロソロ、ボートニオ移シ申ソウカ」

それから、洪作に、

「漕《こ》げるか」

「うん」

「それなら、お前、漕いで行け。俺たちは泳いで行く」

寒いのか、ぶるぶると顔をふるわせていたが、やがて、ずんぐりした方は、ひとつ跳躍すると、いきなり頭を下にして、海面へ突きささって行った。

続いてもう一人の小柄な少年が飛込台《とびこみだい》を離れた。この方は、途中で体を一回転させて、その上で頭から潮の中へはいって行った。

「ボートへ乗って帰れよ」

金枝は洪作に言うと、彼もまた飛込台の上で二、三回跳躍し、それからこれもまたみごとなフォームで宙に体を浮かした。

洪作は④三人の少年たちの海を何とも思っていない動作が、眩《まぶ》しく感じられた。きらきらしたものが飛込台の上にやって来ては、⑤あっという間にそこから居なくなっている。

井上靖「夏草冬濤」より

---

❶「若君」とは誰のことですか。本文中から**漢字二字**で抜き出しなさい。

❷なぜ、漢字と片仮名で書かれているのですか。次から適切なものを一つ選び、記号で答えなさい。

**ア**　普段とは違う口調で話していることを表すため。

**イ**　話し手の少年が、変わった性格であることを表すため。

**ウ**　話す相手に敬意をもっていることを表すため。

(4)　――線部④「三人の少年たちの海を何とも思っていない動作」とありますが、この三人の少年のことを比喩的に表現している言葉を、本文中から**八字**で抜き出しなさい。

(5)　――線部⑤「あっという間にそこから居なくなっている」とありますが、誰のどのような様子を表していますか。次の文の□にあてはまる言葉を簡潔に書きなさい。

・三人の少年たちが、飛込台の上にやってきては、次々と□様子。

# 5 説明的文章①
## ～日本語をテーマにした論説文～

### ステップ1 文章のテーマに沿った読み取りをしよう

：説明的文章では、**テーマに関係する言葉**に注目しよう。キーワードとして何回も出てくる言葉だよ。

：よく出てくる言葉に注意して読めばいいんですね。

：そう。何について述べているのか、筆者がどんな考えをもっているのか、そういったことを知るための、まさにカギになるんだ。

：キーワードさえ、見つければもうバッチリですか？

：まさか。キーワードはあくまでカギだよ。ドアを開けなくちゃ。

：なるほど。カギを使ってドアを……。ドアって何ですか？

：さっき言ったよ。筆者がどんな考えをもっているかを読み取ること。それがいちばん大事なんだから。

：「ここがドア」って、書いてあると、うれしいけど。

**ポイント1 文章のテーマに関する言葉に注目しよう**

・文章の中からキーワードを見つけ出そう。

**ポイント2 各段落の要点をつかもう**

・段落を短くまとめて、大事な言葉を見つけよう。

**ポイント3 具体例の役割をつかもう**

・具体例の内容を読み取り、何のために具体例を挙げているのかを読み取ろう。

| | |
|---|---|
| 筆者の考えA | 筆者の考えB |
| ＋ | ＋ |
| 具体例A | 具体例B |

筆者の考えをわかりやすく伝えるために、例を示すことがある。どんな考えを伝えたいための例なんだろう。そんなふうに考えながら読んでいこう。

## ポイント・1 文章のテーマに関する言葉に注目しよう

★次の文章を読んで、あとの問題に答えよう。

日本は、その主な国土である日本列島を、歴史上すべて失うことはなく、※DNAの※系譜がまるまる途絶えることもなかった。同じ土地で、似たような骨格の人々が、一つの系統の言語を何千年も※培《つちか》ってきたことになる。

このため、私たちの母国語である日本語は、世界の中でも、有数の安定性を誇り、豊かな※情感の世界をもっている。

英国もヨーロッパの島国として神話の時代から、その土地に根づくことばを使ってきた。この国もまた、風土と人々の意識とことばとが密接に関連した母国語をもっているのだ。

黒川伊保子「日本語はなぜ美しいのか」より

※・DNA…親から子へ伝わる遺伝子のこと。
・系譜…先祖から子孫までの代々のつながり。
・培う…大切に養い、育てること。
・情感…物事に接したときに心にわき起こる感情。

**問題** 次の□にあてはまる言葉を、上の文章中から抜き出しなさい。

日本は、その主な国土である[1]を、歴史上すべて失うことはなかったため、一つの系統の言語が何千年も培われてきた。このため、私たちの[2]である日本語は、世界の中でも有数の安定性があり、豊かな[3]の世界をもっている。

また、英国も[4]と人々の意識とことばが密接に関連した[2]をもっている。

1（　　）　2（　　）
3（　　）　4（　　）

上の文章の**キーワード**の一つは、日本と英国の「**母国語**」です。「言語」や「ことば」など、似た表現をいくつか使っていることからも、重要な要素だということがわかります。また、筆者は、それらの言葉をどのように使い分けているでしょうか。

**■解答** 1日本列島　2母国語　3情感　4風土

## ポイント・2 各段落の要点をつかもう

★次の文章を読んで、あとの問題に答えよう。

1 英国がファンタジー大国なのはつとに有名で、『ピーター・パン』、『メアリー・ポピンズ』、『ナルニア国物語』、『指輪物語』（ロード・オブ・ザ・リング）のような古典から、『ハリー・ポッター』や『バーティミアス』のような世界中で大人気の新作シリーズに至るまで、膨大なファンタジーのほとんどを英国の作家が生み出している。

2 私は、このことと、英国が、風土と人々の意識とが深く一致した母国語をもつこととは無関係ではないと思っている。ことばの周辺に、人々が暗黙のうちに共鳴し合う情感が漂う国。人々が※スピリチュアルなメッセージを交換し合う国。英国は、妖精が※棲《す》む国なのである。

3 そのことはまた、日本にもいえる。路傍の石にさえ、神様がすむ国、日本。この国もまた、ことばの周辺に、人々が暗黙のうちに共鳴し合う国である。日本が、アニメやゲームの世界におけるファンタジー大国であることは、今や、世界中の誰も否定できない。

4 ここでの要点は、日本も英国も、風土と意識とことばの感性がしっかり結びついた母国語をもつ国である、ということだ。

黒川伊保子「日本語はなぜ美しいのか」より

※・スピリチュアルな…精神的な。　・棲む…住む。

**問題** 次の図は、上の文章の段落ごとの要点をまとめたものです。□にあてはまる言葉を、上の文章中から抜き出しなさい。

**段落1**
英国は［1］大国。

**段落2**
英国は［2］と人々の意識が深く一致した［3］をもつ。

**段落3**
日本もまた、ことばの周辺に、人々が暗黙のうちに［4］し合う。アニメやゲームにおける［1］大国でもある。

**段落4**
日本も英国も、［2］と意識とことばの感性がしっかり結びついた［3］をもつ国だ。

1

2

3

4

■**解答** 1ファンタジー　2風土　3母国語　4共鳴

## ポイント3　具体例の役割をつかもう

★次の文章を読んで、あとの問題に答えよう。

1　英国がファンタジー大国なのはつとに有名で、『ピーター・パン』、『メアリー・ポピンズ』、『ナルニア国物語』、『指輪物語』（ロード・オブ・ザ・リング）のような古典から、『ハリー・ポッター』や『バーティミアス』のような世界中で大人気の新作シリーズに至るまで、膨大なファンタジーのほとんどを英国の作家が生み出している。

2　私は、このことと、英国が、風土と人々の意識とが深く一致した母国語をもつこととは無関係ではないと思っている。ことばの周辺に、人々が暗黙のうちに共鳴し合う情感が漂う国。人々がスピリチュアルなメッセージを交換し合う国。英国は、妖精が棲む国なのである。

黒川伊保子「日本語はなぜ美しいのか」より

**問題**

(1)　段落1と2のうち、具体例になっているのは、どちらですか。（　　）

(2)　――線部「英国は、妖精が棲む国」とありますが、筆者がそのように考えるのは、なぜですか。次から適切なものを一つ選び、記号で答えなさい。

ア　英国はファンタジー大国なので、妖精がいないはずがないから。
イ　英国の人々は、暗黙のうちに見えないものも知識として共有するから。
ウ　英国では、風土と人々の意識とが一致した母国語が使われているから。

□

(3)　この文章の具体例は、どんな役割を果たしていますか。次から適切なものを一つ選び、記号で答えなさい。

ア　筆者の考えを裏付け、補う役割。
イ　筆者の経験談を付け加える役割。
ウ　筆者の文章を格調高くする役割。

□

説明的文章には、筆者の考え、主張などが示されますが、それを補強したり、理解しやすくするために、具体例を挙げます。文章の中でその具体例が、筆者のどんな考えを補強するものなのか、確認しながら読みましょう。

■解答
(1)　1
(2)　ウ
(3)　ア

## ステップ2　説明的文章①のポイント練習

■次の文章を読んで、あとの問題に答えなさい。

A

①母語というのは、ある個体の脳が、人生の最初に獲得する言語のことである。脳の基本機能と密接に関わっているので、後に獲得する②二つ目以降の言語とは、性格を大きく異にする。

B

「朝よ、おはよう」

③母親がそう言って、赤ちゃんを抱き上げるシーンを想像してほしい。

アサという発音体感には、爽やかな開放感がある。オハヨウは、実際には「ォッハョォ」と、二拍目のハを中心にして発音される語で、弾むような開放感をもっている。したがって、「朝よ、おはよう」と声をかけた母親は、無意識のうちに自分の発音体感によって、爽やかな、弾むような開放感を味わっているのだ。

さて、注目すべきは、赤ちゃんの脳である。赤ちゃんには、目の前の人間の※口腔《こうこう(くう)》周辺の動きを自らのそれのように感じとる能力がある。このため、母親が無意識に感じている、爽やかな、弾むような開放感に赤ちゃんは共鳴して、一緒に

(1) ――線部①「母語」とありますが、母語とはどのような言語ですか。次から適切なものを一つ選び、記号で答えなさい。　↓ポイント1

ア　爽やかで弾むような開放感をもつ言語。
イ　人生で最初に獲得する言語。
ウ　二番目以降に獲得する言語。
エ　母親以外から無意識のうちに学ぶ言語。

(2) ――線部②「二つ目以降の言語」とありますが、これを別の言葉に言い換えている部分を、本文中から**八字**で抜き出しなさい。　↓ポイント1

(3) A段落と、B以降の段落について、それぞれの役割の説明として、適切なものを一つ選び、記号で答えなさい。　↓ポイント3

ア　A段落で母語についての要点をまとめ、B以降の段落で具体例を交えて説明している。
イ　A段落で体験に基づく具体例を示し、B以降の段落では主張を展開している。
ウ　A段落も、B以降の段落も、ともに具体例のみを示している。

味わっているのである。

　アサ、オハヨウということばは、これとともにある情景、すなわち、透明な朝の光や、肌に触れる爽やかな空気や、抱き上げてくれた母親の弾むような気分とともに、脳の中に※感性情報として※インプットされていくのである。

　長じて、「英語で、朝のことをmorningといいます。おはようは、Good morningです」と習ったときには、なるほどと思うだけだ。

　こうして、人生の最初に出会ったことばと、後に習った外国語とでは、脳内でことばに関連づけられた感性情報の量が圧倒的に違う。

　だから、日本人の私たちは、仕事仲間に「おはよう」と声をかけられれば、ぱっと目が覚めるのである。※累々と重ねてきた朝の記憶が呼び起こされ、いやおうなく始まりの気持ちにさせられる。これが④「Good morning」では、気持ちの真芯に届かず、いま一歩、※ボルテージが上がらない。

黒川伊保子「日本語はなぜ美しいのか」より

※・口腔…口のこと。　・感性…物事を深く感じる働き。
・インプット…入力すること。記憶すること。　・ボルテージ…意気込み
・累々と…積み重なった様子。

(4)　――線部③「母親がそう言って、赤ちゃんを抱き上げるシーン」とありますが、この時の赤ちゃんの脳にどのようなことが起こっているかを、次のように要約しました。□にあてはまる言葉をあとから一つずつ選び、記号で答えなさい。↓ポイント2

　赤ちゃんの脳は、母親が[1]から無意識に味わう開放感と共鳴する。その時、「アサ、オハヨウ」ということばと[2]が[3]として、脳にインプットされていく。

ア　感性情報　　イ　情景
ウ　発音体感　　エ　母国語

1 □　2 □　3 □

(5)　――線部④「『Good morning』では、気持ちの真芯に届かず、いま一歩、ボルテージが上がらない」とありますが、それはなぜだといっていますか。次から適切なものを一つ選び、記号で答えなさい。↓ポイント1

ア　人生の最初に出会ったことばだから。
イ　母親の味わった感覚に共鳴した言語だから。
ウ　母語とは違う、二つ目以降の言語だから。

□

## ステップ3　説明的文章①の応用問題

■次の文章を読んで、あとの問題に答えなさい。

語感だけでいっても、「Good morning」は「おはよう」に比べると、暗く物憂《う》げなのは事実だ。英語圏の人たちの朝は、日本人の朝より、少し静かに始まるようである。考えてみれば、このことばを生んだ英国は日本よりずっと緯度が高いので、日本のように、年中、朝の光が眩《まぶ》しいわけではない。冬などは、子どもたちの登校時間になってもまだ暗い。

実は、①ことばは、このように風土とも無関係じゃないのである。眩しい朝を迎えることの多い日本人は、②朝にアサASaということばを与えた。喉も口も開けるAに、舌の上に息をすべらせて口元に風を作るSの組合せ。まさに、爽やかな開放感のことばである。オハヨウも、ハの開放感が目立つ、弾むような挨拶語である。

黎明《れいめい》の中や、穏やかな陽光の中で一日を始める緯度の高い英国に住む人たちは、くぐもった発音の「Good morning」で挨拶をし合う。いたわり合いつつ、徐々に活動を開始するイメージだ。

もちろん、「Good morning」は、その組成から、語感ではなく、意味から創生されたことばであることは明確である。

(1)　――線部①「ことばは、このように風土とも無関係じゃない」というのはどういうことだといっていますか。次の文の□にあてはまる言葉を本文中から抜き出しなさい。

英国は［1］が高く、年中朝の光が眩しいわけではないので、［2］な語感の「Good morning」ということばを生んだということ。

1（　　　）

2（　　　）

(2)　――線部②「朝にアサASaということばを与えた」とありますが、日本人が、そのようにした理由として、筆者の考えに合うものを一つ選び、記号で答えなさい。

**ア**　日本人の発音の仕方に、喉も口も開けるAのことばが合っているから。

**イ**　日本人の感覚では、朝は弾むような挨拶のことばだけが合っているから。

**ウ**　日本の穏やかな朝の陽光には、いたわり合うようなアサということばが合うから。

**エ**　日本で迎える眩しい朝には、爽やかな解放感のあることばが合うから。

□

しかし、長きにわたって英国人が、このことばを朝の挨拶語に使ってきたことには深い意味がある。英国の人々は無意識に、「Good morning」の、鼻腔《びこう》に響く、くぐもった優しさが英国の朝に似合うと判断したのであろう。

意識は語感を選び、また、語感は意識を作る。何代にもわたって使ううちに、「Good morning」で挨拶を交わし合う人たちの朝は、「オハヨウ」と挨拶する人たちの朝より、ゆっくり始動する、優しいものになっていく。そうすると、ますます、朝の情景と「Good morning」の発音体感が似合ってくるのである。

「朝」と「morning」、「おはよう」と「Good morning」。どちらも、それぞれの国の朝に似合うことばであり、それぞれの人たちが心地よいと感じながら発音している。どちらが良いかは、一概に言うことはできない。

しかし、鮮烈な朝日で迎える日本の朝には、日本語のアサ、オハヨウがよく似合う。日本に生まれ、日本の朝日の中で「アサヨ、オハヨウ」と言われて抱き上げられる赤ちゃんの脳には、素直に、ことばと情景の感性リンク※が成立する。

黒川伊保子「日本語はなぜ美しいのか」より

※リンク…つながり。

(3)　次の文章は、日本の人々にとっての風土とことばについて筆者の考えをまとめたものです。1～3にあてはまる言葉を本文中から、**指定された字数**で抜き出しなさい。

日本で生まれた赤ちゃんの脳には、日本の朝の1（二字）と、「朝」「おはよう」という2（三字）との間に感性リンクが成立している。3（二字）と2は無関係ではない。

1 □□

2 □□□

3 □□

(4)　次の中で、本文の内容にあてはまるものには○、あてはまらないものには×を書きなさい。

（　）「Good morning」は、語感からつくられたことばである。

（　）母国語とは無意識に話すことばである。

（　）日本の朝には、日本語のアサ、オハヨウがよく似合う。

# 6 説明的文章②
## ～環境問題をテーマにした論説文～

### ステップ1 接続語、指示語ってなんだろう？

：**接続語**と**指示語**について話そうか。重要だからね。

：たとえば、どういうものですか？

：「私《わたし》はねこが好きです。**でも**、犬は苦手です。」という文があったとする。この「でも」が接続語だよ。

：二つをつないでいる言葉ですか？

：そう。**前後がどういう関係なのかを示す**働きをするんだ。「でも」は、**逆接**といって、前後が逆の意味をもつことを示している。

：指示語は？

：「昨日、ペンを買いました。**それ**は、二百円でした。」というときの「それ」が指示語だよ。**指示語が指すものは**、**前にあることが多い**って、覚えておくといいよ。

：「先生はねこが好き。**また**、二百円のペンも好き。」

：なんかつながりがおかしいけど、まあそんな感じ。

---

**ポイント1 接続語の働きをつかもう**

・接続語のさまざまな意味を知ろう。
・接続語の前後の関係をつかもう。

**ポイント2 指示語の指すものを捉えよう**

・指示語の指すものを正確に捉え、文章の意図を読み取ろう。

**ポイント3 事実と主張を区別しよう**

・事実が述べられた部分と、筆者の主張が述べられた部分のそれぞれの書き方に注目しよう。
・筆者の主張がどこにあるかを確かめよう。

段落や文が、文章の中でどのような役割をもつのかを知るのに、接続語や指示語が手掛かりになることがある。そうして文章の構成を知ったうえで筆者の主張がどこにあるのかを見つけよう。

## ポイント・1　接続語の働きをつかもう

★次の文章を読んで、あとの問題に答えよう。

人類が生まれたのは地球の歴史からいえばわずか一〇〇〇分の一という、ごく最近です。はじめのうちは、人類の活動は地球にとっては何の影響もない小さなできごとにしかすぎませんでした。森の木を切り倒して農業をはじめたのも、その木を燃やして食事をつくったのも自然破壊にはちがいありません。［1］その規模は地球が自然に回復する能力を越えなかったのです。

［2］最近はちがいます。とくに十九世紀末以来、人類が急激に増えたばかりではなくて、人類の活動も拡大して地球の回復能力を越えてしまいました。［3］人類の活動は地球全体に影響するようになっているのです。地球にある空気や水は、地球がいっぺんだけつくってくれたものであることを人類は忘れてしまったのでしょうか。いや、こういったことがわかったのは二〇年前か三〇年前ほどの最近ですから、人類はこういった事実を知らないまま活動を拡大してきたのです。

島村英紀「地球がわかる50話」より

---

**問題**　［1］～［3］にあてはまる言葉を次から選び、記号で答えなさい。ただし、同じ記号を二度選んでもかまいません。

ア　しかし　　イ　ところで
ウ　つまり

1［　］　2［　］　3［　］

接続語は働きによって次のように分類できます。

①**順接**（前が原因・理由、後ろが結果・結論）
例 だから、したがって、すると、そこで

②**逆接**（前と後ろがくいちがう）
例 しかし、だが、けれども、でも、ところが

③**並列**（前と後ろを並べる）
例 また、および、ならびに

④**添加**（前に後ろを加える）
例 そして、それから、さらに、しかも、そのうえ

⑤**選択**（前か後ろかを選んだり、前後を比較したりする）
例 または、もしくは、あるいは、それとも

⑥**説明**（前を後ろで補足説明する）
例 なぜなら、たとえば、つまり、すなわち、ただし

⑦**転換**（前から後ろに話題をかえる）
例 ところで、さて、では

■**解答**　1ア　2ア　3ウ

## ポイント・2　指示語の指すものを捉えよう

★次の文章を読んで、あとの問題に答えよう。

減っている熱帯雨林の話や、酸性雨に痛めつけられているヨーロッパの森の話は、聞いたことがあるでしょう。いや、森にはかぎりません。鉱物資源でも水でも、人類はいまや手に入る自然を利用したいだけ利用するようになっています。逆にいえば、こうして自然を利用するようになったから、人類のいまの文化はあるのです。

しかし、ここには私たちが考えなければならないむずかしい問題があるのです。①それは、人類が手が届く財産を勝手に利用したいだけ利用しようとする時代がいつまでもつづいていていいのだろうかという問題です。

一つは資源そのものを使いつくしてしまうかもしれないという問題です。そしてもう一つは、人類が利用したために副産物やゴミが出て、②それが地球に影響するかもしれないという問題です。

島村英紀「地球がわかる50話」より

**問題**　――線部①・②の「それ」が指す内容になるように、それぞれ□にあう言葉を字数に合わせて抜き出しなさい。

①　私たちが考えなければならない□□□□□（五字）問題

②　□□□□□□（六字）

①は、「それ」がある文の文末が「〜問題です。」となっていることに注目しよう。②は「地球に影響するかもしれない」という部分がヒントになるよ。

指示語の指す内容は、**指示語よりも前にあることが多い**ので、前にさかのぼって探しましょう。あてはまりそうなものが見つかったら、**「それ」にあてはめてみて、つながるかどうか確かめる**のも大切です。そのままの形ではあてはまらない場合もあります。その場合は、どう変えればあてはまるか、考えてみましょう。

**■解答**　①むずかしい　②副産物やゴミ

## ポイント・3 事実と主張を区別しよう

★次の文章を読んで、あとの問題に答えよう。

私たちはエネルギーを何からつくりだしているのでしょう。石油も石炭も天然ガスも、昔の生きものの死体が地球のなかで気が遠くなるほど長いあいだかかって変化していってつくられたものです。これらのエネルギー源が化石燃料といわれるのはこのせいです。人類は、長いあいだかかってできたこのエネルギー源をたいへんな勢いで使っているのです。つまり、つくられた時間よりもはるかに短い時間のうちに消費しているのです。

副産物やゴミの問題も深刻です。たとえば、人類がエネルギーを使うにつれて二酸化炭素が増えてくるという問題があります。自動車や飛行機や船のエンジンが動いたら、かならず二酸化炭素が出ます。工場からも発電所からも出ます。ストーブを焚《た》いても出ます。じつは地球にやさしいはずの電気自動車でさえ、充電するための電気をつくる発電所では大量の二酸化炭素を出しているのです。昔は大量にあって、地球がようやく海や岩のなかにとりこんだおかげで減った二酸化炭素が、こんどは人類のせいで、また増えはじめているのです。

島村英紀「地球がわかる50話」より

### 問題

(1) ――線部「つくられた時間よりもはるかに短い時間のうちに消費している」とありますが、この部分は**事実**ですか、**筆者の主張**ですか。（　　）

(2) ――線部を含む文のあとに省略されていることがあるとすれば、どのような内容ですか。次から適切なものを一つ選び、記号で答えなさい。

**ア** 人類の進歩・発展はめざましいものである。

**イ** 化石燃料がなくなってしまうのは時間の問題である。

**ウ** 化石燃料をつくり出す必要があるのではないか。 □

(3) 後半の段落（「副産物や〜」）には、筆者の主張はなく、すべて事実が述べられています。この事実から、筆者のどんな主張が想像できますか。次から適切なものを一つ選び、記号で答えなさい。

**ア** 人類が増やしてしまった二酸化炭素は、人類が減らさなければならない。

**イ** 人類が増やした二酸化炭素は、また地球が減らしてくれるにちがいない。

**ウ** 人類が増やしてきた二酸化炭素が、何かの役に立つときがくるだろう。 □

■**解答** (1)事実 (2)**イ** (3)**ア**

# ステップ2　説明的文章②のポイント練習

■次の文章を読んで、あとの問題に答えなさい。

地球の温暖化という話を聞いたことがあるでしょう。はきだされた二酸化炭素は空気のなかでは重いガスですから、地球をかけ布団《ぶとん》のようにおおってしまいます。①この眼《め》に見えない透明なかけ布団が、温室のガラスの役目をして、太陽から来た熱を閉じこめてしまうので地球の温度が上がるのではないかといわれているのです。②このため、地球温暖化は英語では温室効果といわれているのです。

こうして地球の温度が上がれば世界の気候が変わるばかりではなくて、氷河が溶けて海の水が増え、海面が上がって海ぎわの大都会が水没するのではないかともいわれています。前に書いたように、金星の温度が上がってしまったのは二酸化炭素の布団のせいです。私たちが二酸化炭素をさらに出しつづけるとすれば、やがて地球が金星のようにならないともかぎりません。

人類が文化を楽しむためにでてくる副産物は、二酸化炭素だけではありません。エネルギーを使うとかならず出てくる熱の問題もあります。また世界の原子力発電所から出るゴミも、年々増えつづけています。これから何十万年にもわたって放射線や熱を出しつづけるこのゴミをどうするのか、これも大きな問題です。

③フロンガスの話を聞いたことがあるでしょう。工場や、また家庭でも冷房や冷蔵庫や自動車やスプレーに使われているフロンが、

(1)　——線部①「この眼に見えない透明なかけ布団」とは、何を指していますか。本文中から抜き出しなさい。↓ポイント2

（　　　　）

(2)　——線部②「この」は、何を指していますか。次から適切なものを一つ選び、記号で答えなさい。↓ポイント2

ア　二酸化炭素が増えると、地球の気温が上がってしまうということ。

イ　二酸化炭素が、空気の中では重いガスなので、地球をおおってしまうこと。

ウ　二酸化炭素が、まるで温室のガラスのように太陽の熱を閉じこめてしまうこと。

□

(3)　——線部③「フロンガスの話を聞いたことがあるでしょう。」とありますが、この文から始まる段落には、**事実・筆者の主張**のどちらが書かれていますか。↓ポイント3

（　　　　）

(4)　——線部④「そして」は接続語ですが、前後のどのような関係を示していますか。次から適切なものを一つ選び、記号で答えなさい。↓ポイント1

ア　前と後ろを並べる　　イ　前に後ろを加える

ウ　前と後ろがくいちがう

□

使われたあとに空気のなかを上がっていって、地球をとり巻いているオゾン層を破壊するという問題です。じつはフロンは大発明でした。工場で半導体をきれいにするためや冷房機の冷媒としては、フロンほど性能がよくて安いものはなかったのです。さわっても吸いこんでも身体に大きな悪影響があるわけではなかったので、人体に無害だとさえいわれた新製品だったのです。

　以前はよく使われたのに、騒がれて使用禁止になったＰＣＢという絶縁油も同じでした。電気の変圧器に入れる電気絶縁のための油としては、ＰＣＢほど安くて性能がよい製品はなかったのです。人体にふれたときだけが猛毒だったのです。④そして、すでにつくられてしまったＰＣＢは、いまでは環境汚染を引き起こしています。

　ここにはむずかしい問題があります。いままでよりさらに文化的な生活をいとなむために人類はこうして資源を使い、副産物やゴミを出しながらつぎつぎに新製品をつくって利用してきました。自分たちの都合だけで、いわば狭い意味の文化を追いもとめてきたのです。⑤このときに科学や技術は※錦《にしき》の御《み》旗《はた》でした。［１］科学や技術は無条件で正しいものだったのです。

　［２］、地球全体とか地球の将来についても考えなければならない時代がきたのではないか、それを考えることが、いわばひろい意味での文化なのではないだろうか、ということなのです。

島村英紀「地球がわかる50話」より

※錦の御旗…行為や主張を正しいことと認めさせるもの。

(5)　――線部⑤「このとき」とは、いつを指しますか。次から適切なものを一つ選び、記号で答えなさい。→ポイント2

ア　今以上の文化的生活を追い求めるとき。
イ　利益を求めて新製品を開発するとき。
ウ　適度に資源を使い、ゴミを減らすとき。
エ　科学や技術が絶対的に正しいと信じるとき。

［　　］

(6)　［１］・［２］にあてはまる言葉をそれぞれ次から選び、記号で答えなさい。→ポイント1

ア　しかし　　イ　つまり
ウ　そして　　エ　ところで

１［　　］　２［　　］

(7)　この文章で、筆者はどのようなことを主張していますか。本文中から**七十字**で抜き出し、**初めと終わりの五字**を書きなさい。→ポイント3

初め［　　　　　］
終わり［　　　　　］

## ステップ3　説明的文章②の応用問題

■次の文章を読んで、あとの問題に答えなさい。

水星、金星、火星、木星、土星、天王星、海王星、冥王星※。

太陽系には太陽を中心にしてまわっているいくつもの惑星があります。これらの惑星は地球と同じころ、地球と同じようにしてつくられた地球と兄弟分の星だと考えられています。

［1］これらの惑星のうちで、地球のように植物が茂り、動物や昆虫が生きている星は一つもありません。つまり地球だけがこれらの生物や私たち人間が生きられる環境をもっているのです。もともとは同じ材料から同じ時期につくられた兄弟の星なのに、ではなにがちがって、こんなにちがった現在の姿になってしまったのでしょう。

①こういったことを研究する学問は、これから盛んになるきざしがありますが、まだ新しい学問ですから研究している学者も限られていますし、学問としての正式な名前もまだありません。［2］、地球を研究する学問としては、地球物理学とか地質学という学問が古くからありますし、星や宇宙のことを研究する学問としては天文学があります。惑星のことや、惑星と地球とのかかわりを研究する学問は、いわば②これらの学問の「学際領域※」の学問なのです。

(1)　［1］〜［3］にあてはまる言葉を次から選び、記号で答えなさい。

ア　そのうえ　イ　たとえば　ウ　つまり
エ　しかし　オ　さて

1［　］　2［　］　3［　］

(2)　——線部①「こういったこと」とありますが、何を指していますか。これよりもあとの部分から言い換えた言葉を探し、**二十字以内**で抜き出しなさい。

指示語が指すものは前にあることが多い。この場合も前にあるが、後ろで言い換えている部分があるんだ。わかるかな。

(3)　——線部②「これらの学問」とは何を指していますか。本文中から三つ、それぞれの字数に合わせて抜き出しなさい。

（五字）　（三字）　（三字）

ここ何年かで、日本の大学でも、昔からあった③地球物理学教室とか地質学教室とかの看板を、地球惑星物理学とか地球・惑星科学とかの看板に書きかえる動きが盛んになっています。たとえば私がつとめていた北海道大学でも、大学院の名前が変わって、一九九四年から地球物理学教室と地質学鉱物学教室とがあわさって地球惑星科学専攻という新しい名前になりました。

月や惑星は地球からもっとも近い星ですから、光や電波を使う望遠鏡など天文学的な観測をしたり、またロケットで探査機を送りこんだりすることで、ほかの星よりはいろいろなことがわかってきています。

地球のすぐ内側を回っている惑星である金星は、年中厚い雲におおわれて地表は見えません。そして探査機の調査によれば、金星の地表ではなんと四六〇度もの温度の灼熱《しゃくねつ》地獄だということがわかりました。また金星の空気はほとんどが二酸化炭素で、気圧も地表で地球の九〇倍の九〇気圧もあります。酸素は一〇〇分の一パーセントもありません。［3］、金星を厚くおおっている雲は硫酸の蒸気の雲なのです。④これではとても生物が住める環境ではありません。

島村英紀「地球がわかる50話」より

※冥王星…現在では、冥王星は惑星からはずされている。
※学際…研究の対象などが、いくつかの分野にまたがっていること。

(4)　――線部③「地球物理学教室とか……看板に書きかえる」とありますが、これはどのようなことを表していますか。次から適切なものを一つ選び、記号で答えなさい。

**ア**　いくつかの分野にまたがった、新しい研究を行うのにふさわしい名前に変えるということ。
**イ**　地球よりも、ほかの惑星についての研究の重要性が高まってきたということ。
**ウ**　惑星についての研究をしていることを、いっそうアピールしなくてはならないということ。
**エ**　地球と惑星のかかわりを研究するためには、さまざまな研究機関の統合が必要だったということ。

(5)　――線部④「これではとても生物が住める環境ではありません。」とありますが、金星に生物がすめないとわかったのは、何の結果ですか。本文中から、**六字**で抜き出しなさい。

# 7 説明的文章③
## ～異文化をテーマにした論説文～

### ステップ1 対比と理由を読み取ろう

：二つのものを比べて論じるということがある。**違いをはっきりさせる**ことを目的とする場合だね。

：どっちが正しいか、ということですか？

：そうとも限らないんだ。両者がそれぞれに特徴をもっているってことを知らせたい場合もあるからね。

：なるほど。その特徴が大事なんですね。

：うん。その特徴の生まれた理由がはっきりしていれば、いっそう理解が深まると思わないかな？

：「○○だから、こうなった」ってことですね。そのほうがわかりやすい気がします。

：**何と何を比べているか**、それと、**どうしてそうなったか**。今回は、そこを重点的に学習しよう。

：了解！　で、何と何を比べるんですか？

：それを、これから読むんだよ……。

---

**ポイント1　対比されている内容を読み取ろう**

・対比されたものは何かを捉えよう。
・対比により筆者が述べようとしていることを読み取ろう。

**ポイント2　理由を読み取ろう**

・なぜ、そうなったのか、どんな経緯があったのか、ということを捉えよう。

**ポイント3　言葉の使われ方に注意しよう**

・その言葉が、文章の中でどんな意味をもっているのかを確かめよう。

今回は異文化をテーマにした文章を読んでいくよ。この中では、いくつもの対比された視点が示されている。何と何を比べているのか、確かめながら読んでいこう。また、対比することで筆者は何を述べようとしているんだろうか。

## ポイント・1　対比されている内容を読み取ろう

★次の文章を読んで、あとの問題に答えよう。

気候や風土などの環境は、食に影響を与えるだけではない。人々の社会生活やものの考え方、宗教にも影響していく。①豊かな自然があるところでは農耕がさかんになる。そうした生活は、さまざまな神を生み出す。田の神、山の神、川の神、森の神……。生活を支えてくれるあらゆる恵みに感謝するのは当然で、そうした環境からは多神教が生まれる。したがって、多神教と農業は密接に関係している。

一方、②自然環境が厳しい砂漠の地方では、遊牧や※通商が※なりわいとなる。『アラビアンナイト』の世界だ。そこでは一歩間違えると死が待っている。人々は苛酷な現実を嫌い、天国を夢見た。しかし全員が天国に行けるわけではない。それが「最後の審判」の思想を生み出した。人々を裁く絶対的な存在。一神教の誕生だ。

松本仁一「異文化の根っこ」より

※・通商…外国と品物を売買すること。
・なりわい…生活していくための仕事。

**問題**　――線部①「豊かな自然があるところ」と、――線部②「自然環境が厳しい砂漠の地方」は対比の関係にあります。次の**ア**～**オ**はどちらの内容にあてはまりますか。記号で答えなさい。

**ア**　多神教　**イ**　一歩間違えると死が待っている

**ウ**　遊牧や通商がなりわい　**エ**　農耕がさかん

**オ**　一神教

①　豊かな自然があるところ　（　　　）

②　自然環境が厳しい砂漠の地方　（　　　）

第三段落の初めの「一方」という言葉は、前の内容と後の内容が対比されている目印になるね。常に「ここの話はどちらの内容に入るんだろう?」って考えながら読み進めていくといいよ。

■**解答**　①ア、エ　②イ、ウ、オ

## ポイント２　理由を読み取ろう

★次の文章を読んで、あとの問題に答えよう。

　ユダヤ、キリスト、イスラム教は、いずれも※中東の砂漠地方が起源だ。「一神教は進んだ思想で、多神教は未開」なのではなく、それは食と同様、多分に気候風土の差によって生まれた違いであるように思われる。

　遊牧や通商の社会は移動が基本となる。隣人と対立したら、牛を連れて別の土地に行ってしまうことができる。商人なら商品をまとめて店を移ればいい。自分が正しくて相手が間違っていることを大声で主張できる社会だ。①そこでは自己主張の文化が生まれる。

　しかし農耕社会ではそうはいかない。田んぼや畑は持ち運びできないからだ。隣人が気に食わなくても、じっとがまんして対立を避けなければならない。「※根回し」とか「なあなあ」という②妥協と協調の文化は、農耕社会で生まれた。

松本仁一「異文化の根っこ」より

※・中東…東アジアとヨーロッパの間の地域。イラン、イラクなど。
・根回し…話し合いをうまく進めるために、あらかじめ手を打っておくこと。

### 問題

(1)　――線部①「そこでは自己主張の文化が生まれる。」とありますが、その理由は何ですか。次から適切なものを一つ選び、記号で答えなさい。

**ア**　一神教は進んだ思想で、多神教は未開だから。
**イ**　隣人と対立しても、別の土地に行けばいいから。
**ウ**　田んぼや畑は持ち運びできないから。

(2)　――線部②「妥協と協調の文化は、農耕社会で生まれた」とありますが、その理由は何ですか。次から適切なものを一つ選び、記号で答えなさい。

**ア**　「根回し」や「なあなあ」の態度が、隣人との対立を生むから。
**イ**　自分が正しくて相手が間違っていることを大声で主張できる社会だから。
**ウ**　田んぼや畑は持ち運びできないため、対立を避けなければならないから。

理由の書かれた部分は、「～からだ。」「～からである。」という文末で判断できるときもありますが、上の文章のように、そのような形にはなっていない場合もあります。どういう経緯でそうなったか、順を追って理解しましょう。

■解答　(1)イ　(2)ウ

## ポイント3　言葉の使われ方に注意しよう

★次の文章を読んで、あとの問題に答えよう。

異文化と出会ったとき「野蛮！」と切り捨ててしまってはもったいない。「なぜ？」と考えていけば、その根っこにあるものにさわれるかもしれないのである。

この五十年ほどで、日本では農業を中心とした生活が急速に崩れている。ほとんどがサラリーマンになってしまったためだ。会社をクビにさえならなければ食う心配はない。※共同体など関係なくなった。

そのため、「根回し」とか「恥」とか「いたわり」とかの農業共同体の価値観は、次第に意味を持たなくなってきた。街なかや電車の中で※傍若無人にふるまう若者が出てきても不思議ではない。

弥生時代から二千数百年にわたって続いてきた価値観が、いま崩壊している。そして、次の価値観はまだできあがっていない。それが私たちのいる時代だ。

松本仁一「異文化の根っこ」より

※・共同体…家族や村落など、自然に結びついた集団のこと。
・傍若無人…まるでそばに人がいないかのように、勝手気ままに行動すること。

**問題**　――線部「価値観」とありますが、本文中ではどのようなものを指していますか。次から適切なものを一つ選び、記号で答えなさい。

**ア**　異文化と出会ったとき「野蛮！」と切り捨ててしまう考え方。

**イ**　会社などの組織に属してさえいれば、生活の心配はないという考え方。

**ウ**　農業共同体がもつ、「根回し」とか「恥」とか「いたわり」を重視する考え方。

**エ**　街なかや電車の中で傍若無人にふるまうこともしかたないとする考え方。

文章の終わりのほうに「次の価値観」とあるね。これはどんなものなのかを考えてみよう。「弥生時代から二千数百年にわたって続いてきた価値観」とは違うものだとわかるね。
文章の中で、その言葉がどんな意味で使われているか、言い換えられているところはないか、そんな読み方をしていこう。

■解答　ウ

## ステップ2　説明的文章③のポイント練習

■次の文章を読んで、あとの問題に答えなさい。

伝統的な生活をする※マサイの人々は、①野菜や穀物をいっさい口にしない。土から生えてくるものは不浄だとする教えがあるからだ。食べるのは肉、乳、血だけである。それでも脚気《かっけ》や壊血症のようなビタミン欠乏症にならないのは、牛が草を食べてとったビタミンを生き血から摂取しているためだった。

細菌の恐れがある牛の血など飲まず、②新鮮な野菜を食べればいいではないか。穀物や野菜は不浄だなどという不合理な考えは捨てて……。そこまで考えて③ハッとした。

マサイが住むサバンナでは、雨が年間に三百ミリ程度しか降らない。平均千八百ミリといわれる日本の六分の一以下だ。

そんな土地で農耕に依存する生活を始めたら最後、たちまち※干ばつに悩まされることになる。民族の※存亡にも関わる問題だ。そのため彼らは、「土から生えるものは不浄だ」という教えで農業を遠ざけ、遊牧の生活に※依拠しているのではないか――。

牛の生き血を飲むのは、野蛮で未開だからではない。そうしなければ生きていけない環境に住む人々の、生活の知恵だ

(1)　――線部①「野菜や穀物」を言い換えた言葉として、適切なものを次から一つ選び、記号で答えなさい。↓ポイント3

ア　ビタミン
イ　肉、乳、血
ウ　土から生えてくるもの

□

(2)　――線部②「新鮮な野菜を食べればいいではないか」とありますが、筆者がこう考えたのは、マサイの生活と何を比べたからだと思われますか。簡潔に書きなさい。↓ポイント1

(　　　　)

(3)　――線部③「ハッとした」とありますが、その理由は何ですか。次から適切なものを一つ選び、記号で答えなさい。↓ポイント2

ア　細菌を、頭から悪いものと思い込んでいたことに気付いたから。
イ　ビタミンは野菜からしか取れないと思っていたことに気付いたから。
ウ　日本人にとって、不合理な考えでも、マサイの人々にとって心のよりどころになっているから。
エ　サバンナは、野菜をたくさん育てられる環境ではないことに気付いたから。

□

った。

牛の血だけではない。アフリカ南西部のガボンでは、知らずにサルを食べてしまったことがある。食事がすんでから、シチューの中身がサルの肉だったことを教えられた。

なぜガボンの人々はサルなど食べるのだろう。

④サバンナと逆に、ガボンは熱帯雨林帯にあり、年間降雨量が五千ミリに達する。ちょっと奥地に入ると巨大な樹木がびっしり密生しており、農業をしたり、牛や羊を飼うような開けた土地を確保するのはむずかしい。

人々は生きていくため、密林の中でたんぱく質を手に入れなければならない。密林のたんぱく質――それがサルだったのだ。

松本仁一「異文化の根っこ」より

※・マサイ…アフリカ大陸のケニア、タンザニアに住むマサイ族。
・干ばつ…日照り。
・存亡…生き残るか、死ぬか。
・依拠…もとととすること。

(4)　――線部④「サバンナと逆に」とありますが、何がサバンナと逆なのかを次の文にまとめました。□にあてはまる言葉を、**五字以内**で本文中から抜き出しなさい。→ポイント1

年間降雨量が、サバンナでは［1］程度なのに対して、ガボンでは［2］に達するということ。

1 □□□□□

2 □□□□□

(5)　ガボンの人々がサルを食べるのは、なぜだといっていますか。次から適切なものを一つ選び、記号で答えなさい。→ポイント2

**ア**　熱帯の密林では、田畑をつくったり、牛や羊などを飼うことが難しいので、別のたんぱく源が必要だから。

**イ**　マサイの人々と同じように、昔からの生活の教えを守ってきたので、サルを食べることに抵抗がないから。

**ウ**　ガボンでは、雨が多すぎて、乾いた土地を開拓することが困難であるため、野生動物が大切な食料になるから。

**エ**　ガボンの人々は、密林を利用してサルを食用に飼っており、言わば家畜のような位置づけだから。

□

# ステップ3 説明的文章③の応用問題

■次の文章を読んで、あとの問題に答えなさい。

アフリカには「食べない文化」もある。※イスラム圏の豚肉だ。

支局の助手君に、①なぜ豚肉を食べないのか聞いてみた。

「※コーランにそう書いてあるからです」

しかし君はビールを飲むし、エビやイカを食べている。コーランはそれも禁じているではないか。

「豚肉は特別です。腐りやすいし、汚い物を食べて育つから不潔なのです」

今は冷蔵庫があるから腐る心配は無用だ。それに養豚技術が進んで衛生的な飼育をしている。安心して食べていい。

「……でも、食べたくありません」

どうして？

「もう、放《ほ》っといてください！　あなたが猫を食べたくないように、私は豚を食べたくないのです！」

答えにはなっていないが、豚肉への※タブー感が格別に強いことは分かった。

ユダヤ教も豚肉を食べないのは同じだ。ある日、ユダヤ人の知人から「※反芻《はんすう》しない動物は食べられないことになって

---

(1)　——線部①「なぜ豚肉を食べないのか」とありますが、筆者がイスラム圏の人にこの質問をしたとき、どんなことがわかりましたか。次から適切なものを一つ選び、記号で答えなさい。

**ア**　イスラム教が禁じるものは、何一つ食べないということ。

**イ**　豚肉は、食べる人も食べない人もいるということ。

**ウ**　豚肉は食べたくないという思いが特に強いということ。

**エ**　豚肉を安心して食べられることを信じないということ。

□

(2)　——線部②「合点がいった」とありますが、本文中ではどういう意味で使われていますか。□にあてはまる言葉を答えなさい。

イスラム教やユダヤ教が、豚肉を□を禁じる理由がわかったということ。

（　　　）

(3)　——線部③「競合する」とありますが、本文中から競合するものとしないものを探し、簡潔に書きなさい。

**・競合するもの**

（　　　）

いる」と聞いて②合点がいった。

牛や羊、ヤギ、ラクダなどの反芻する動物は、草を食べて消化する能力がある。人間は草を消化できないから食べない。したがって、牛と人間が食物をめぐって③競合することはない。しかし反芻しない豚は草を食べることができず、穀物を食べる。したがって人間と競合する。

ユダヤ教やイスラム教が生まれた土地は砂漠の荒れ地だ。苦労してつくったわずかな穀物を、豚に取られてはたまらない。

豚肉は、牛肉や羊肉にくらべてくさみがなく、やわらかい。権力者や金持ちは、庶民から穀物を奪ってでも豚を育てようとするかもしれない。それを防ぐために「豚を食べてはいけない」と教えたのではないか――。

食文化というのは、暑さ寒さや雨の量、地形風土、その他もろもろの環境の影響を受けながら、長年かかってその地域で形成されてきたものだ。未開とか野蛮とかいうレベルの問題ではないのである。

松本仁一「異文化の根っこ」より

※・イスラム圏…イスラム教を信じる人々が多くを占める地域。
・コーラン…イスラム教の聖典。・タブー…禁止された言動や物事。
・反芻…牛などが、一度飲み込んだ食べ物を、口に戻してゆっくりかみ直すこと。

---

・競合しないもの
（　　　　　　）

(4)　筆者は、イスラム教やユダヤ教で豚肉を食べることを禁じている理由を、どのように考えましたか。□にあてはまる共通の言葉を答えなさい。

**豚**＝反芻しない動物
草は食べない・□を食べる　→　**人間と食べるものが同じ**
←　貴重な□を豚に与えないため、豚を食べることを禁じたのではないか。

**牛**＝反芻する動物
草を食べる　→　**人間とは食べるものが違う**

（　　　　　　）

(5)　筆者は、食文化はどのようなものだと考えていますか。本文中の言葉を使って答えなさい。

（　　　　　　）

# 8 古文に親しもう

## ステップ1 古文の基本をおさえよう

：古文というと、どんなイメージかな？

：ええと……。読みづらい、意味がわからない、難しい。

：ずいぶんと嫌われたものだね。でも、「かぐや姫」のお話などを絵本で読んだりしなかった？

：しました。小さい頃、読んでもらったこともあります。

：それと、どう違うんだろう？

：絵本と古文ですか？ 全然違いますよ。昔の言葉だし。

：じゃ、その昔の言葉、**歴史的仮名遣い**に慣れるところからやっていこう。

：慣れるにはどうしたらいいんですか？

：現代の仮名遣いに直すための決まりがあるんだ。

：その決まりさえ覚えればバッチリですか？

：いや。古文に慣れるには何回も読む。近道はない。

：……はーい。

### ポイント1 歴史的仮名遣いと現代仮名遣い

・歴史的仮名遣いと現代仮名遣いの違いを知ろう。

・歴史的仮名遣いを現代仮名遣いに直すときの決まりを覚えよう。

### ポイント2 主語を見つけよう

・主語を見つけ、文中の主語・述語の関係をはっきりさせよう。

### ポイント3 会話文を捉えよう

・どこからどこまでが会話か、誰が話しているのかを捉えよう。また、会話から、登場人物の考えや性格などを読み取ろう。

三寸ばかりなる人、いとうつくしうてゐたり

↓

三寸ばかりなる人、いとうつくしゅうていたり

現代文と古文では、仮名遣いと言い回しに大きな違いがあるね。まずは、何度も声に出して読んでみて、慣れることから始めよう。

## ポイント・1　歴史的仮名遣いと現代仮名遣い

歴史的仮名遣いを現代仮名遣いに直すときの決まりは、主に次のとおりです。

**■ワ行「わゐうゑを」を「わいうえお」と書く**

・まゐらす（歴）→まいらす（現）
・ゑまきもの（歴）→えまきもの（現）

**■語中や語尾にあるハ行「はひふへほ」を「わいうえお」と書く**

・いふ（歴）→いう（現）
・つかひけり（歴）→つかいけり（現）
・いとほし（歴）→いとおし（現）
・くはず（歴）→くわず（現）
・たまへ（歴）→たまえ（現）

**■長音・撥《はつ》音（ん）・促音（っ）の書き方**

・うつくしうて（歴）→うつくしゅうて（現）
・なむ（歴）→なん（現）
・とつて（歴）→とって（現）

**■その他**

・なんぢ（歴）→なんじ（現）　・よろづ（歴）→よろず（現）

---

★次の古文を読んで、仮名遣いの問題に答えよう。

ある時、能《よき》馬、能※皆具《かいぐ》aおゐて、その主を乗せて通りける。bかたはらに驢馬《ろば》一疋《ぴき》c行《ゆ》きあひたり。かの馬d怒《いか》つていはく、「驢馬、なにとて礼拝《らいはい》せぬぞ。汝《なんぢ》を踏み殺さんもいとやすき事なれども、汝らがごときのものは、e従へても事の数にならぬは」とて、そこを過ぎぬ。

「伊曾保《いそほ》物語」より

※皆具…ひとそろいの馬具。

**問題**　――線部a～eの言葉を現代仮名遣いに直して、すべて平仮名で書きなさい。

a

b

c

d

e

右の古文を読んで、だいたいの意味がわかりましたか。古文の言い回しに慣れるために繰り返し読んでみましょう。

**■解答**　a おいて　b かたわら　c ゆきあいたり　d いかっていわく　e したがえて

## ポイント・2　主語を見つけよう

★次の古文を読んで、あとの問題に答えよう。

……しし心に思ふやう、「角はめでたふ侍《はんべ》れど、わが四つの足はうとましげなり」と思ひぬるところに、心より人の声ほのかに聞こえ、そのほか犬の声もしけり。是《これ》によつて、かのしし山中に逃げ入り、あまりにあはてさはぐ程に、ある木のまたにをのれが角を引きかけて、下へぶらりとさがりにけり。

（a　心に思ふやう　／　しし＝鹿（しか）　／　りっぱであるが　／　嫌気がさすようだ　／　心なしか　／　b　ほのかに聞こえ）

「伊曾《いそ》保《ほ》物語」より

**問題**

(1)　――線部a「心に思ふやう」とありますが、誰が心に思ったのですか。古文中の言葉で答えなさい。（　　）

(2)　何のことを「うとましげなり」と思ったのですか。次の（　）にあてはまる古文中の言葉を答えなさい。

自分の（　　）

(3)　――線部b「ほのかに聞こえ」とありますが、何が聞こえてきたのですか。古文中の言葉で答えなさい。（　　）

(4)　次の文は、この古文のおおまかな意味を表しています。（　）にあてはまる古文中の言葉を答えなさい。

（①　　）は、自分の（②　　）をりっぱだと思い、自分の足を嫌だと思っていた。ところが、あわてて山に逃げ込んだとき、②を木のまたに引っかけてしまい、動けなくなってしまった。

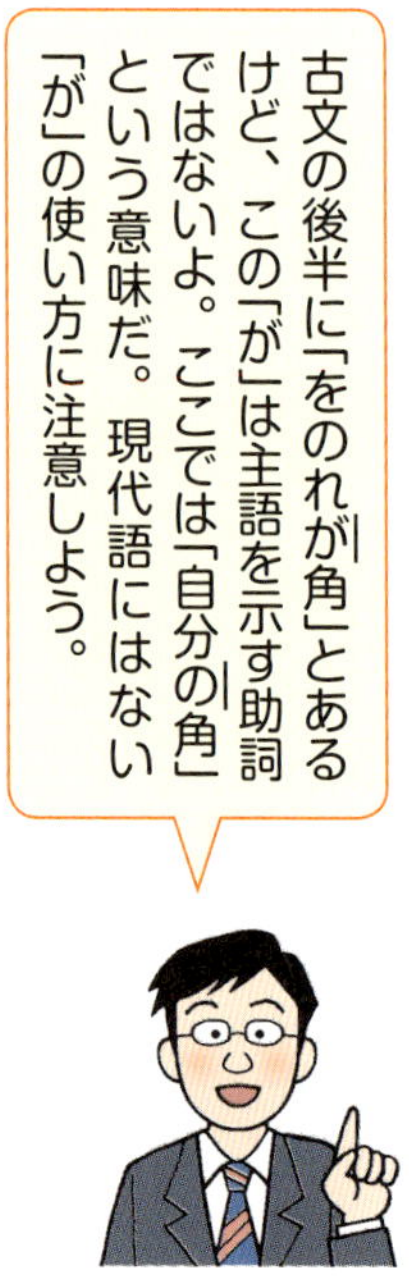
古文の後半に「をのれが角」とあるけど、この「が」は主語を示す助詞ではないよ。ここでは「自分の角」という意味だ。現代語にはない「が」の使い方に注意しよう。

古文の主語は、現代文よりも判別しにくいことがあります。その理由は、①「が」「は」などの助詞を省略していることがある。②**主語そのものを省略していることがある。**など。問題の(1)(3)でも、助詞が省略されていることがわかりますね。

■**解答**　(1)しし　(2)四つの足　(3)人の声　(4)①しし　②角

## ポイント・3　会話文を捉えよう

★次の古文を読んで、あとの問題に答えよう。

ある時、※かのしし河のほとりに出でて水を飲みける時、※汝《なんぢ》が角の影水に映《うつ》（っ）て見えければ、此《この》角のありさまを見て、「さてもわが戴《いただ》きける角は、萬《よろづ》のけだものの中に、またならぶものあるべからず」と、かつは高慢の思ひをなせり。また、わが四つ足の影水底《みづそこ》に映（っ）て、いとたよりなく細くして、しかも蹄《ひづめ》二つに割れたり。またしし心に思ふやう、「角はめでたふ侍れど、わが四つの足はうとましげなり」と思ひぬるところに、心より人の声ほのかに聞こえ、そのほか犬の声もしけり。是によつて、かのしし山中に逃げ入り、あまりにあはてさはぐ程に、ある木のまたにをのれが角を引きかけて、下へぶらりとさがりにけり。抜かん抜かんとすれども※よしなし。しし心に思ふやう、よしなきただ今のわが心や。いみじく誇りける角も我《わが》※あとになつて、うとんじて、四つの※肢《えだ》こそ我助けなるものをと、ひとりごとして思ひ絶へぬ。

「伊曾保《いそほ》物語」より

※・かのしし…鹿《しか》　・汝…自分のこと
・よしなし…方法がない　・あと…あだ　・肢…あし

鹿は、自分の角を自慢に思い、足をうとましく思っていました。けれど、いざ身に危険が迫ったとき、役に立つのは足のほうだったと気づいたのです。

### 問題

(1) ——線部について、答えなさい。

❶ 誰が話した(思った)言葉ですか。古文中の言葉で答えなさい。

（　　　）

❷ この部分の気持ちを表した**五字の言葉**を、古文中から抜き出しなさい。

(2) この古文には、もう一か所「　」をつけるべき場所があります。その部分の**初めと終わりの五字**を書きなさい。

～

現代文では、会話部分から重要なことが読み取れる場合がありますが、古文も同じです。話し手の考え方や性格をここから捉えましょう。また、古文では会話部分に「　」がない場合があります(もちろん、もともとの古典の原典にはそんな記号はありません!)。上の古文の場合、「しし心に思ふやう」や「～と、ひとりごとして」などの言葉を手掛かりに探すことができます。

**■解答**　(1)❶かのしし(しし)　❷高慢の思ひ
(2)よしなきた～なるものを

## ステップ2　古文のポイント練習

■次の古文を読んで、あとの問いに答えなさい。

ある時、鳥、けだものとすでに戦ひにおよぶ。鳥のいはく、軍《いくさ》に負けて今はかうよと見えける時、aかうもり畜類にbこしらへ返《かへ》る。鳥ども愁《うれ》へていはく、「かれらがごときのものさへ①けだものに降《くだ》りぬ。今はせんかたなし」と悲しむところに、②鷲《わし》申しけるは、「なに事をなげくぞ。われこの陣《ぢん》にあらんほどは頼もしく思へ」と諫《いさ》めて、またけだものの陣に押し寄せ、このたびは鳥の軍よかんめれ、たがひに和睦《くはぼく》してんげり。その時、鳥ども申しけるは、さてもかうもりは二心《ふたごころ》ありける事、いかなる罪科《ざいくわ》をかあたへんといふ。中に故老の鳥敢《あ》へて申しけるは、「あれ程のものをいましめてもよしなし。所詮《しょせん》③けふよりして、鳥の交《まじ》はりをなすべからず。

**今はかうよ**：もう、これまで
**こしらへ返る**：寝返る
**せんかたなし**：なすすべがない
**陣**：陣＝陣
**よかんめれ**：よかったのであろう
**二心**：反逆の心
**よしなし**：かいもない
**所詮**：この上は、
**けふよりして**：今日よりこの先

(1)　――線部a・bの言葉を現代仮名遣いに直して、すべて平仮名で書きなさい。↓ポイント1

a（　　　）　b（　　　）

(2)　――線部①「けだものに降りぬ」とありますが、これは「けものの軍に寝返った」という意味です。誰が寝返ったのですか。古文中の言葉を抜き出しなさい。↓ポイント2

（　　　）

(3)　――線部②「鷲申しけるは」とありますが、その話した内容から、鷲はどのような態度を取っているとわかりますか。次から適切なものを一つ選び、記号で答えなさい。↓ポイント3

**ア**　自分も降参したいが、無理に我慢している。
**イ**　ほかの鳥たちの不甲斐《ふがい》なさにあきれている。
**ウ**　勝利は望めないが、空《から》元気を出している。
**エ**　弱気になっている仲間をはげましている。

□

(4)　この古文には、もう一か所「　」をつけるべき場所があります。その部分の**初めと終わりの五字**を書きなさい。↓ポイント3

□□□□□～□□□□□

白日に徘徊《はいくわい》する事なかれ」といましめられて、④鳥のつばさを剥《は》ぎ取られ、今は渋紙《しぶかみ》の破れを着て、やうやう日暮れにさし出《いで》けり。

**昼間に出歩いてはならない**

そのごとく、人も、したしき中を捨てて、無益《むやく》のものと与《くみ》する事なかれ。「六親不案なれば、天道にも外れたり」と見えたり。

**仲間になる**

**肉親どうしが不和では、神の教えにそむくことになる**

「伊曾保《いそほ》物語」より

●「伊曾保物語」とは

「伊曾保物語」は、イソップ物語を日本語に翻訳したものです。訳者は、わかっていません。江戸時代に絵入りの本なども発行されて、人々に広く読まれました。「イソップ童話」「イソップ物語」として読んだことがある人もいるでしょう。**教訓を含んだ短い話**（寓話《ぐうわ》といいます）が、江戸の昔から日本人に親しまれていたのですね。

(5)　——線部③「けふ」とありますが、これを現代仮名遣いに直すとどうなりますか。次から適切なものを一つ選び、記号で答えなさい。→ポイント1

**ア** きょう　**イ** けう　**ウ** けい　**エ** きゅう

(6)　——線部④のようにされたのは誰ですか。次から適切なものを一つ選び、記号で答えなさい。→ポイント2

**ア** 鷲　**イ** 故老の鳥　**ウ** かうもり　**エ** 鳥ども

(7)　古文の最後の段落にある「　」には、どのような役割がありますか。次から適切なものを一つ選び、記号で答えなさい。→ポイント3

**ア** 作者自身が、登場人物の中の誰かと話していることを示す役割。

**イ** ことわざのように、教訓を含んだ言葉であることを示す役割。

**ウ** 鳥とけものの戦いについてのあらすじを最後にまとめている役割。

**エ** 作者が最も言いたいことが、短くまとめられていることを示す役割。

## ステップ3　古文の応用問題

■次の 1 ・ 2 の古文を読んで、あとの問いに答えなさい。

**1**

神無月《かみなづき》のころ、栗栖野《くるすの》といふ所を過ぎて、ある山里に尋ね入る事侍《はべ》りしに、遥《はる》かなる苔《こけ》の細道を踏み分けて、心ぼそく住みなしたる庵《いおり》あり。木の葉に埋《うづ》もる(a)懸樋《かけひ》の雫《しずく》ならでは、つゆおとなふ(b)ものなし。閼伽棚《あかだな》に菊・紅葉など折り散らしたる、さすがに、住む人のあればなるべし。

かくてもあられけるよとあはれに見るほどに、かなたの庭に、①大きなる柑子《かうじ》の木の、枝もたわわになりたるが、まはりをきびしく囲ひたりしこそ、少しことさめて、②この木なからましかばと覚えしか。

「徒然草」一一段より

**十月のころ**（神無月のころ）
**さびしく**（心ぼそく）
**水を引く樋(とい)**（懸樋）
**全く音を立てるものもない**（つゆおとなふものなし）
**仏に供える花や水を置く棚**（閼伽棚）
**こんなふうにして(住んで)いられるのかとしみじみと見ていると**（かくてもあられけるよとあはれに見るほどに）
**興ざめして**（ことさめて）

---

**1**

(1) ——線部a・bの言葉を現代仮名遣いに直して、すべて平仮名で書きなさい。

a（　　　）　b（　　　）

(2) ——線部①「大きなる柑子の木の、枝もたわわになりたるが」の現代語訳として、適切なものを次から一つ選び、記号で答えなさい。

**ア** みかんの木の大きい枝に、しなうほど実がたくさんなってはいるが
**イ** 大きなみかんの木で、枝もしなうほどたくさん実がなっている木の
**ウ** 大きいみかんの木が、枝もしなうほどたくさん実をつけていたとしても

□

(3) ——線部②「この木なからましかばと覚えしか」とは「この木がなかったらよかったのに」という意味ですが、なぜこのように思ったのですか。次から適切なものを一つ選び、記号で答えなさい。

**ア** みかんの周りを囲っていて、入れなかったから。
**イ** みかんを盗もうとしていると疑われたから。
**ウ** みかんをとられることを嫌がって、木を囲っているから。

□

**2**　八つになりし年、父に<u>a問ひていはく</u>、「仏は如何《いか》なるものにか候《さぶら》ふらん」（**どのようなものなのでしょうか**）といふ。父がいはく、「仏には、人の成りたるなり」と。<u>①また問ふ</u>、「人は何として仏には成り候ふやらん」と。父また、「仏の教《をし》へによりて成るなり」と答ふ。また問ふ、「教へ候ひける仏をば、何が教へ候ひける」と。また答ふ、「それもまた、先の仏の教へによりて成り給《たま》ふなり」と。また問ふ、「その教へ始め候ひける、第一の仏は、如何なる仏にか候ひける」といふ時、父、「<u>②空よりや降りけん。土よりや湧きけん</u>」といひて笑ふ。問ひ詰められて、え答へ（**答える**）ずなり侍りつ（**ことができませんでした**）と、諸人に語りて興じき（**おもしろがった**）。

「徒然草」二四三段より

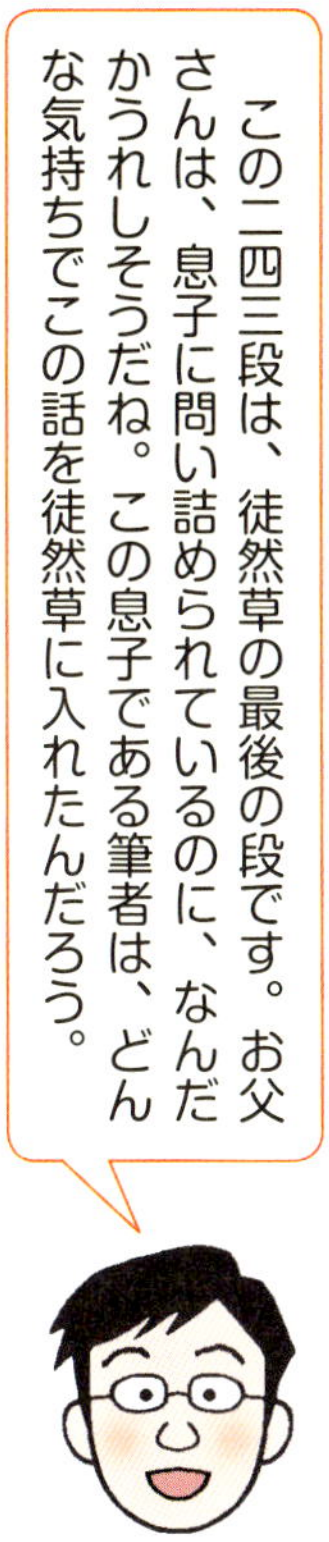
この二四三段は、徒然草の最後の段です。お父さんは、息子に問い詰められているのに、なんだかうれしそうだね。この息子である筆者は、どんな気持ちでこの話を徒然草に入れたんだろう。

---

**2**

(1)　――線部aの言葉を現代仮名遣いに直して、すべて平仮名で書きなさい。

(2)　――線部①は、誰の動作ですか。次から適切なものを一つ選び、記号で答えなさい。

**ア**　八歳の頃の筆者　**イ**　現在の筆者

**ウ**　八歳の頃の父　**エ**　現在の父

(3)　この古文には、もう一か所「　」をつけるべき場所があります。その部分の**初めと終わりの五字**を書きなさい。

□□□□□～□□□□□

(4)　――線部②「空よりや降りけん。土よりや湧きけん」とありますが、何が降ったり湧いたりすると言っているのですか。古文中から**四字で**抜き出しなさい。

(5)　なぜ父は、――線部②のように言ったのですか。次から適切なものを一つ選び、記号で答えなさい。

**ア**　子どもの質問に答えるのが面倒だったから。

**イ**　子どもに知らないと答えるのはしゃくだから。

**ウ**　子どもに、答えられないような質問をされたから。

# 9 和歌を読もう

## ステップ1 和歌の基本を知ろう

：和歌にはどういうものがあるか、知ってる？

：短歌しか知らないです。

：**短歌**は、どんな形してるんだっけ？

：**五・七・五・七・七**ですよね。

：そう。昔から日本人は形式の決まった、つまり**定型**の詩をつくってきた。**限られた音数の中に、そのときそのときの感動を込めてきたんだね。**

：そういう歌が残っているから、私たちも、昔の人々の思いを知ることができるんですね。

：そうなんだ。実は、現代の人と共通の思いを抱いていたってことも少なくないんだよ。いつの時代も変わらない人の心がある。

：受験勉強たいへんだな、とか？

：……。それは、あんまりないかな……。

### ポイント1 和歌の形式を知ろう

・短歌、長歌などの形式と音数を覚えておこう。

### ポイント2 和歌の表現技法を覚えよう

・**修辞**について――代表的な修辞を覚えておこう。

・**句切れ**について――句切れの意味を理解しておこう。

### ポイント3 和歌の意味を理解しよう

・和歌の意味を考え、歌に込めた思いをくみとろう。

五・七・五・・・・
七・七・・・

代表的な歌集の名前は覚えておいたほうがいいね。歌集によって特徴があるんだ。また、時代背景を知っておくと、歌の理解の助けにもなるよ。

## ポイント1　和歌の形式を知ろう

和歌の形式には、次のような種類があります。

**■短歌（五・七・五・七・七）**
どの時代でも、最も多く詠《よ》まれている和歌の形式。

**■長歌（五・七・五・七……五・七・七）**
五七を三回以上繰り返し、最後を七音とする。万葉集《まんようしゅう》の時代に多く詠まれた。

**■その他**
旋頭歌《せどう》（五・七・七・五・七・七）
仏足石歌《ぶっそくせき》（五・七・五・七・七・七）などもある。

★次の和歌を読んで、あとの問題に答えよう。

春過ぎて夏きたるらし白妙《しろたへ》の衣《ころも》ほしたり天《あめ》の香具山《かぐやま》
持統《じとう》天皇
（春が過ぎて夏がきたらしい。香具山で白い衣を干している。）

**問題**

(1)　この和歌は、何という形式の歌ですか。（　　）

(2)　この歌を五・七・五・七・七の音数で分けると、どこで切れますか。切れ目に｜を入れなさい。

春 過 ぎ て 夏 き た る ら し
白 妙 の 衣 ほ し た り 天 の
香 具 山

音数は実際に指を折って数えてみるとわかるよ。この歌にはないけど、促音（っ）や拗音《ようおん》（きゃ・きゅ・きょ　など）には注意しようね。

上の歌は、「**万葉集**」に収められています。「万葉集」は、八世紀後半頃に成立したとされる**現存する最古の歌集**です。上の歌は、ずっと後になって鎌倉《かまくら》時代に「**新古今和歌集**《しんこきん》」「**小倉百人一首**」の中にも収められるのですが、そのときは左のように、少し変化しています。歌に使われるべき言葉が、時代によって変化したということでしょうか。

春過ぎて　夏来にけらし　白妙の衣ほすてふ　天の香具山

**■解答**

(1) 短歌
(2) 春過ぎて｜夏きたるらし｜白妙の｜衣ほしたり｜天の香具山

## ポイント2　和歌の表現技法を覚えよう

和歌の表現技法を次のようにまとめました。

### ■修辞

・**枕詞**《まくらことば》…**決まった言葉を導き出す**ための語。普通は現代語には訳さない。例・ひさかたの↓光　・草枕《くさまくら》↓旅

・**序詞**《じょことば》…ある言葉を導き出すための語だが、枕詞と違って、その歌一回限りの場合が多い。音数も、枕詞より多い。

例・住の江の岸に寄る波 夜 さへや夢の通ひ路人目よくらむ
（藤原敏行「古今和歌集」）――線が序詞。「夜」を導き出す。

・**掛詞**《かけことば》…一つの言葉に、同じ音を利用して、**二つの意味をもたせる**技法。例・まだふみも見ず（「踏み」「文」の意味）

・**体言止め**…**体言（名詞）で歌を終える**技法。歌に余韻を加える働きがある。

例・心なき身にもあはれは知られけり鴫《しぎ》立つ沢の秋の夕暮れ
（西行法師「新古今和歌集」）

### ■句切れ

一首の中での意味上の切れ目のことを**句切れ**という。

例・五／七五七七（**初句切れ**）・五七／五七七（**二句切れ**）
・五七五／七七（**三句切れ**）・五七五七／七（**四句切れ**）
＊「区切れなし」の場合もある。

---

★次の和歌を読んで、あとの問題に答えよう。

あしびきの山鳥の尾のしだり尾の
長々し夜をひとりかも寝む
柿本《かきのもとの》人《ひと》麻呂《まろ》「小倉百人一首」

### 問題

(1)「あしびきの」は、「山」という言葉を導き出しています。このような修辞を何といいますか。（　　）

(2)「あしびきの山鳥の尾のしだり尾の」という言葉は、山鳥の尾が長いことから、「長い」という言葉を導き出しています。このような修辞を何といいますか。（　　）

(3) この歌の句切れを、次から一つ選び、記号で答えなさい。□

**ア** 初句切れ　**イ** 二句切れ
**ウ** 句切れなし　**エ** 四句切れ

### ■解答

(1)枕詞　(2)序詞　(3)ウ

## ポイント 3　和歌の意味を理解しよう

★次の古文を読んで、あとの問題に答えよう。

A　※防人《さきもり》に行くは　※たが背と　①問ふ人を
　見るが　※ともしさ　物思《も》ひもせず
　（防人歌）

B　秋来ぬと目には　※さやかに　②見えねども
　風の音にぞ　※おどろかれぬる
　藤原敏行《ふじわらのとしゆき》

※・防人…九州地方に送られるために徴集された兵士。
・たが背…誰の夫。　・ともしさ…うらやましさ。
・さやかに…はっきりと。
・おどろかれぬる…はっと気付かされた。

### 問題

(1)　――線①「問ふ人」とありますが、どんなことを問うのですか。次から適切なものを一つ選び、記号で答えなさい。

ア　防人に行くのは、何人だろうか。
イ　防人に行くのは、誰の夫だろうか。
ウ　防人に行くのは、いつだろうか。

(2)　Aの歌は、どんな気持ちを歌っていますか。□にあてはまる言葉を書きなさい。

1□を防人に送り出す2□が、防人に行くのは誰の夫だろう、などと言っている人を、うらやましいと思う気持ち。

1（　　）

2（　　）

(3)　――線②「見えねども」とは、「見えないけれど」という意味ですが、何が見えないと言っているのですか。次から適切なものを一つ選び、記号で答えなさい。

ア　秋が来たということ。
イ　秋がまだ来ないということ。
ウ　秋はもう過ぎ去ったということ。
エ　秋が待ち遠しいこと。

(4)　Bの歌で、季節の変化を、何によって気付かされたと言っていますか。歌の中の言葉で答えなさい。

（　　）

「目には見えない」と言っているね。では、どうやって知ったんだろう。

■解答　(1)イ　(2)1夫　2妻　(3)ア　(4)風の音

## ステップ2　和歌のポイント練習

■次の和歌を読んで、あとの問題に答えなさい。

A
瓜《うり》食《は》めば　子ども※思ほゆ　栗《くり》食めば　まして※偲《しぬ》はゆ
いづくより　来たりしものそ　※まなかひに
※もとなかかりて　※安眠《やすい》しなさぬ

反歌
銀《しろかね》も金《くがね》も玉も何せむに優《まさ》れる宝　※子にしかめやも
山上憶良《やまのうえのおくら》

B
①ひさかたのひかりのどけき春の日に
※しづ心なく花の散るらむ
紀友則《きのとものり》

C
山里は冬ぞさびしさまさりける
人目も草も②かれぬとおもへば
源宗于《みなもとのむねゆき》

(1)　Aの歌の形式を答えなさい。↓ポイント1

(2)　Aの反歌は、Aの歌の内容を要約したり、補ったりする役割をもっていますが、反歌の内容から、Aの歌がどんな気持ちを歌ったものとわかりますか。次から適切なものを一つ選び、記号で答えなさい。↓ポイント3

ア　子どもはいつも気にかかるが、親には何よりの宝だ。
イ　子どものことを思うと安心して眠れないのが残念だ。
ウ　子どものもつ宝は、銀や金にもまさるものだ。
エ　子どもを心配することが親にとっての宝である。

(3)　――線部①「ひさかたの」は、「ひかり」を導きだす働きをもっています。このような修辞を何といいますか。↓ポイント2

(4)　Bの歌の意味で、春の日ののどかな様子に対して、落ち着かない様子だといっているのは、何の様子ですか。次から適切なものを一つ選び、記号で答えなさい。↓ポイント3

ア　花の咲く様子。　イ　花に当たる光の様子。
ウ　花の散る様子。　エ　花を見る人々の様子。

D　駒※とめて袖うちはらふ陰もなし
佐野《さの》のわたりの雪の夕暮れ
藤原定家《ふじわらのさだいえ》

E　夕立の雲もとまらぬ夏の日のかたぶく山にひぐらしの声
式子内親王《しょくしないしんのう》

※・思ほゆ…思われる。
・偲はゆ…しのばれる。
・まなかひ…目の前。
・もとな…わけもなく。やたらに。
・安眠しなさぬ…安眠させない。
・子にしかめやも…子よりもまさるだろうか。いや、まさりはしない。
・しづ心…落ち着いた心。
・駒…馬。

Aは万葉集、BとCは古今和歌集、DとEは新古今和歌集に収められている歌です。古今和歌集は十世紀初め、新古今和歌集は十三世紀初めに成立したとされます。BとCは、小倉百人一首にも収められています。

(5)　──線部②「かれぬ」は、「(人目も)離《か》れぬ」「(草も)枯れぬ」という二つの意味をもっています。このような修辞を何といいますか。↓ポイント2
(　　　)

(6)　Cの歌の句切れを答えなさい。↓ポイント2
(　　　)

(7)　Dの歌の季節はいつだと思われますか。↓ポイント3
(　　　)

(8)　DとEの歌に共通して用いられている修辞は何ですか。↓ポイント2
(　　　)

(9)　短歌の場合、初めの三句(五七五)を上《かみ》の句といい、あとの二句(七七)を下《しも》の句といいます。Eの歌を、上の句と下の句に分け、その切れ目に／を入れなさい。↓ポイント1

夕立の雲もとまらぬ
夏の日のかたぶく山に
ひぐらしの声

## ステップ3　和歌の応用問題

■次の和歌を読んで、あとの問題に答えなさい。

**A**
天地《あめつち》の　分かれし時ゆ　※神《かむ》さびて　高く貴き　駿河《するが》なる
富士《ふじ》の高嶺《たかね》を　天《あま》の原　※振り放《さ》け見れば
①渡る日の　影も隠らひ　照る月の　光も見えず
白雲も　※い行きはばかり　時じくそ　雪は降りける
語り継ぎ　言ひ継ぎ行かむ　富士の高嶺《たかね》は
山部赤人《やまべのあかひと》

**B**
※熟田津《にきたつ》に　船《ふな》乗りせむと　月待てば
※潮もかなひぬ　②今は漕《こ》ぎ出《い》でな
額田王《ぬかたのおおきみ》

**C**
家にあれば　※笥《け》に盛る飯《いい》を　③草枕
旅にしあれば　④椎《しい》の葉に盛る
有間皇子《ありまのみこ》

**D**
思ひつつ寝ればや人の見えつらむ
夢と知りせば覚めざらましを
小野小町《おののこまち》

---

(1)　Aには次の反歌があります。反歌は、長歌の内容を要約したり、補足したりします。反歌の中の［　］にあてはまる言葉をAの中から抜き出しなさい。

反歌
田子《たご》の浦《うら》ゆうち出《い》でてみれば真白《ましろ》にそ
［　］の高嶺に雪は降りける

（　　）

(2)　――線部①「渡る日の　影も隠らひ」と、対《つい》になった表現を歌の中から抜き出しなさい。

（　　）

(3)　――線部②「今は漕ぎ出でな」は、どんな意味ですか。次から適切なものを一つ選び、記号で答えなさい。

**ア**　今は漕ぐのはやめよう
**イ**　さあ、今漕ぎ出そう
**ウ**　今は漕ぎ始める時ではない

［　］

(4)　――線部③「草枕」は枕詞ですが、どんな言葉を導き出していますか。

（　　）

(5)　――線部④「椎の葉に盛る」とありますが、なぜ「飯」を葉の上などに盛るのですか。簡潔に書きなさい。

（　　）

**E**　道の辺に清水流るる柳かげ
※しばしとてこそ立ちどまりつれ
西行法師《さいぎょうほうし》

**F**　花さそふ※比良《ひら》の山風吹きにけり
※こぎ行く舟の跡みゆるまで
宮内卿《くないきょう》

※・神さびて…こうごうしくて。
・振り放《さ》け見れば…遠く仰ぎみると。
・い行きはばかり…行きかねて。
・熟田津…愛媛《えひめ》県にあった港。
・潮もかなひぬ…潮も都合がよくなった。
・笥…食器。
・しばしとてこそ立ちどまりつれ…しばらくの間だけと思って立ち止まったのだが。
・比良…滋賀《しが》県にある比良山。
・こぎ行く舟の跡…一面に花びらが浮いているので、舟がそれを分けて進むその跡のこと。

⑹　**D**の歌の句切れを答えなさい。
（　　　）

⑺　**D**の歌の上の句（初めの五七五）は、「いとしいと思って眠ると、夢にその人が現れる」という意味ですが、下の句の意味として、適切なものを一つ選び、記号で答えなさい。
**ア**　夢と知っていたら、目覚めなかったのに。
**イ**　夢と知ってもどうしようもないのだ。
**ウ**　夢と知って目が覚めるのはあまりに寂しい。
□

⑻　**E**と**F**の歌の季節をそれぞれ答えなさい。
**E**（　　　）　**F**（　　　）

⑼　**E**の歌は、言葉で表されていない意味を含んでいます。その意味として、適切なものを一つ選び、記号で答えなさい。
**ア**　美しい景色に、つい見入ってしまっていた。
**イ**　もう、すぐにでも、出発しなくてはならない。
**ウ**　あまりに涼しいので、つい長く休んでしまった。
□

⑽　**F**の歌は、湖面に花びらが敷きつめられたように浮かんでいて、そこを舟が分けて進んでいる様子を歌っています。それほど多くの花びらを散らせたのは、何ですか。**五字**で答えなさい。
□□□□□

# 10 漢文を読もう

## ステップ1 漢文の基本を知ろう

：漢文は、全部漢字で書かれているんだけど、なぜかわかる？

：中国の言葉で書かれているからですか？

：そのとおり。だから、日本語とはいろんなところが違っている。

：例えばどんなところですか？

：まず、**日本語とは語の順序が違う**んだ。

：読む順番を変えないといけないんですね。

：それに、漢字だけだと**送り仮名や、付属語などもない**から、意味がわかりにくいんだ。

：つまり、お手上げですね。

：こらこら。あきらめるのは早い。昔の人は、苦心して日本人が漢文を読めるように、工夫を凝らしたんだ。その苦心にこたえないとね。

**ポイント1 訓読のきまりをマスターしよう**

・**訓点**の付け方を覚えよう。
・**書き下し文**と比べてみよう。

**ポイント2 漢文の内容を読み取ろう**

・漢文独特の表現に慣れよう。

**ポイント3 漢詩を読もう**

・**漢詩の形式**を覚え、意味を理解しよう。

漢文は、中国の言葉で書かれた古典の文章や詩のことだよ。日本語とは語順が違うし、すべて漢字で書かれているので、読む順番を工夫したり、言葉を補ったりしなければならないんだ。

## ポイント1　訓読のきまりをマスターしよう

漢文は、中国の言葉で書かれた古典の文章や詩のことです。漢文は、もともと日本語と語順が違うため、日本の古文のように読める工夫がされました。それが**訓読**です。

■**訓読のきまり**

・訓読のときに付ける記号や仮名を**訓点**という。
・**送り仮名**…漢字の**右下**に付ける。
・**返り点**……読む順序を表す。漢字の**左下**に付ける。
　レ点（**一字もどる**）、
　一・二点（**一、二の順に読む**）
　上・下点（**上、下の順に読む**）

例　誉《ほメテ》レ之《これヲ》曰《いハク》
返り点　↑送り仮名

■**書き下し文**

・訓読した文章をそのまま書いたもの。
誉《ほメテ》レ之《これヲ》曰《いハク》（**訓読文**）
これを誉めて曰はく（**書き下し文**）

★次の漢文を読んで、あとの問題に答えよう。

「吾《わガ》盾《たて》之《の》堅《キコト》、莫《なキ》二能《よク》陥《とほスモノ》一也《なりト》。」
（韓非子）

**書き下し文**
「吾が□、よくとほすものなきなり。」と。

**問題**

(1) 書き下し文を参考にして、――線部「莫能陥」の読む順序を**算用数字**で□に書きなさい。
莫□　能□　陥□

(2) 書き下し文の□に入る言葉を書きなさい。
（　　　）

「能」には返り点が付いていないね。返り点が付いていない字は、そのままの順序で読もう。

訓点の付いたものが**訓読文**で、訓読したものを日本の古文のようにそのまま書いたものが**書き下し文**です。しっかり区別しましょう。

■**解答**　(1)（上から）3 1 2　(2)盾の堅きこと

## ポイント2　漢文の内容を読み取ろう

★次の漢文を読んで、あとの問題に答えよう。

楚《そ》人《ひとニ》、有《あり》下※鬻《ひさグ》二盾《たてト》与《とヲ》レ矛《ほこ》者《もの》上。

誉《ほメテ》レ①之《これヲ》曰《いハク》、

「吾《わガ》盾之《の》堅《かたキコト》、莫《なキ》二能《よク》※陥《とほスモノなりト》一也。」

又《また》、誉《ほメテ》二其《そノ》矛《ほこヲ》一曰《ハク》、

「吾《ガ》矛之《の》※利《りナルコト》、②於《おイテ》レ物《ものニ》無《なキ》レ不《ざルコト》レ陥《とほサ》也《ト》。」

或《あるひと》曰《ハク》、

「以《もつテ》二子《し》之《の》矛《ヲ》一、陥《サバ》二子之盾《ヲ》一、※何《い》如《かんト》。」
③其《ノ》人弗《ざル》レ能《あたハ》レ応《こたフル》也。
（韓非子）

※・鬻…売る。　・陥…突き通す。　・利…鋭い。
・何如…どうなのか。

**問題**

(1)　――線部①「之」は、何を指していますか。漢文の中から一字で抜き出しなさい。

(2)　――線部②「於《おイテ》レ物《ものニ》無《なキ》レ不《ざルコト》レ陥《とほサ》也《ト》」とありますが、これはどういう意味ですか。次から適切なものを一つ選び、記号で答えなさい。

**ア**　突き通せるものなど何もない
**イ**　突き通さないものなどない
**ウ**　突き通すも通さないもない

(3)　――線部③「其《ノ》人弗《ざル》レ能《あたハ》レ応《こたフル》也。」は、「その人は答えることができなかった。」という意味ですが、なぜですか。簡潔に書きなさい。

（　　　　）

上の漢文は、故事成語の「矛盾」のもとになった話です。「蛇足」「五十歩百歩」など、ほかにも昔の中国の話がもとになった言葉は数多くあります。こうした言葉が、教訓とともに日本語の中に溶け込んでいるのです。話の意図や教訓などを正確につかみましょう。

**■解答**

(1)盾　(2)イ
(3)例つじつまが合わないことを言っているから。

## ポイント 3 漢詩を読もう

中国の伝統的な詩である漢詩には、一般的に次のような種類があります。

**絶句**…四句(つまり四行)でできている詩。
- **五言絶句**…一句が五文字でできている。
- **七言絶句**…一句が七文字でできている。

**律詩**…八句(つまり八行)でできている詩。
- **五言律詩**…一句が五文字でできている。
- **七言律詩**…一句が七文字でできている。

★次の漢詩を読んで、あとの問題に答えよう。

黄鶴楼《くわうかくろう》にて孟浩然《まうかうねん》の広陵《くわうりよう》に之《ゆ》くを送る　李白《りはく》

故人西ノカタ辞シ㆓黄鶴楼ヲ㆒
煙《えん》花《くわ》三《さん》月《ぐわつ》下ル揚《やう》州《しう》ニ
孤《こ》帆《はん》ノ遠《ゑん》影《えい》碧《へき》空《くう》ニ尽《つ》キ
惟《た》ダ見ル長《ちやう》江《かう》ノ天《てん》際《さい》ニ流ルルヲ

**書き下し文**

故人西のかた黄鶴楼を辞し
煙花三月揚州に下る
孤帆の遠影碧空に尽き
惟だ見る長江の天際に流るるを

※・故人…古い友人。・煙花…霞《かすみ》の立つ風景。・孤帆…一そうの舟。
・天際…天の果て。空と長江の交わるところ。

### 問題

(1) この漢詩の形式は何ですか。**漢字四字**で答えなさい。

(2) ——線部「下ル揚《やう》州《しう》ニ」に、書き下し文を参考にして、返り点を付けなさい。

下 揚 州

(3) 第三句目は、どういう意味ですか。次から適切なものを一つ選び、記号で答えなさい。

ア 一そうの舟が青い空の果てに消えていった。
イ 一そうの舟が水に映っていた。
ウ 一そうの舟が空が見えなくなるところを進んだ。

■解答 (1)七言絶句 (2)下㆓揚州㆒ (3)ア

## ステップ2　漢文のポイント練習

■次の**A**・**B**の漢文を読んで、あとの問題に答えなさい。

**A**

子曰《いハク》、「吾《われ》十有五《ニシテ》而①志《ス》于学《ニ》。三十《ニシテ》而立《ツ》。四十《ニシテ》而不《ず》レ惑《ハ》。五十《ニシテ》而知《ル》二天命《ヲ》一。六十《ニシテ》而※耳順《したがフ》。七十《ニシテ》而従《ヒテ》二心《ノ》所《ニ》レ欲《スル》、不《ずト》レ※踰《こエ》レ矩《のりヲ》。」

**書き下し文**

子曰はく、「吾十有五にして学に志す。三十にして立つ。四十にして惑はず。［　　］六十にして耳順ふ。七十にして心の欲するところに従ひて、矩を踰えず。」と。

②学《ビテ》而時《ニ》習《フ》レ之《これヲ》、不二亦《また》説《よろこバシカラ》一乎《や》。有《リ》レ朋《とも》自《より》二遠方一来《タル》、不二亦楽《シカラ》一乎。※人不《シテ》レ知《ラ》而不レ慍《うらミ》、不二亦③君子《ナラ》一乎。

(1)　――線部①「志《ス》于学《ニ》」に、書き下し文を参考にして、返り点を付けなさい。↓ポイント1

志　于　学

(2)　［　　］にあてはまるように、書き下し文を書きなさい。↓ポイント1

（　　　　　）

(3)　――線部②「学《ビテ》而時《ニ》習《フ》レ之《これヲ》、不二亦《また》説《よろこバシカラ》一乎《や》。」は、どういう意味ですか。次から適切なものを一つ選び、記号で答えなさい。↓ポイント2

**ア**　学んで必要な時に復習する、何とつらいことだろうか。
**イ**　学んでときどき復習する、何と効率的なことだろうか。
**ウ**　学んで適切な時に復習する、何とうれしいことだろうか。
**エ**　学んで毎日復習する、何とむだが多いことだろうか。

［　　］

(4)　――線部③「君子」の意味として、適切なものを一つ選び、記号で答えなさい。↓ポイント2

**ア**　国を治める人。　**イ**　人格者。
**ウ**　地域の名士。　**エ**　貴公子。

［　　］

書き下し文

学びて時に之を習ふ、亦説ばしからずや。朋有り遠方より来たる、亦楽しからずや。人知らずして慍みず、亦君子ならずや。

（論語）

B

静夜の思ひ　李白《りはく》

※牀《しやう》前看《みル》二月光《ヲ》一
疑《フラクハ》是《こレ》④地上《ノ》霜《しもカト》
挙《ゲテ》レ頭《かうべヲ》望《ミ》二山月《ヲ》一
低《たレテ》レ頭《ヲ》思《フ》二故郷《ヲ》一

書き下し文

牀前月光を看る
疑ふらくは是れ地上の霜かと
頭を挙げて山月を望み
頭を低れて故郷を思ふ

※・耳順…他人の言葉を聞き入れる。
・踰矩…人として道を踏み外す。
・人不知而不慍…他人が自分を理解してくれなくてもうらまない。
・牀…寝台。

Bの漢詩を読んで、景色を思い浮かべることができたかな。

(5) Bの漢詩の形式は何ですか。**漢字四字**で答えなさい。↓ポイント3

(6) ——線部④「地上霜」とありますが、何を霜と疑っているのですか。**漢字二字**で答えなさい。↓ポイント3

(7) 第三句と、表現が対《つい》になっているのはどの句ですか。↓ポイント3

第　　句

(8) 第四句はどういう意味ですか。次から適切なものを一つ選び、記号で答えなさい。↓ポイント3

**ア** 頭を下げて、故郷のことを敬っている。
**イ** うつむいて歩きながら、故郷のことを考えている。
**ウ** 人に頭を下げ、故郷をなつかしく思っている。
**エ** うなだれて、故郷のことを思っている。

## ステップ3　漢文の応用問題

次の漢文を読んで、あとの問題に答えなさい。

A

春望《しゅんぼう》　杜甫《とほ》

国破レテ山河在リ
城春ニシテ草木深シ
感ジテハ㆑時ニ花ニモ濺《そそ》ギ㆑涙ヲ
恨ンデハ㆑別レヲ鳥ニモ驚カス㆑心ヲ
※烽《ほう》火《くわ》連ナリ㆓三月《げつ》ニ㆒
※家《か》書《しょ》抵《あた》ル㆓万金ニ㆒
白頭掻《か》ケバ更ニ短ク
渾《すべ》テ欲《ほつ》ス㆑不《ざ》ラント㆑勝《たへ》㆑※簪《しん》ニ

書き下し文

国破れて山河在り
城春にして草木深し
時に感じては花にも涙を濺ぎ
別れを恨んでは鳥にも心を驚かす
①烽火三月に連なり
②家書万金に抵る
白頭掻けば更に短く
渾べて簪に勝へざらんと欲す

(1) Aの漢詩の形式は何ですか。**漢字四字**で答えなさい。

(2) Aの漢詩の中で、対《つい》になった表現(対句)になっているのは、どの句とどの句ですか。その組み合わせを、次の中からすべて選びなさい。

**ア** 第一句と第二句　**イ** 第一句と第三句
**ウ** 第三句と第四句　**エ** 第四句と第五句
**オ** 第五句と第六句

(3) ――線部①「烽火三月に連なり」とありますが、これはどういう意味ですか。「三月」とは、三か月という意味であることをふまえて書きなさい。

(4) ――線部②「家書万金に抵る」は、どういう意味ですか。次から適切なものを一つ選び、記号で答えなさい。

**ア** 家族に手紙を送るには、大金がかかる。
**イ** 家族を気づかう手紙も、今は送る気がしない。
**ウ** 家族からは手紙が来なくなって久しい。
**エ** 家族からの手紙は、とても貴重に思われる。

B

※項《こう》王《おう》ノ軍※壁ス二※垓《がい》下《か》ニ一。兵少ナク食尽ク。漢軍及ビ諸侯ノ兵、囲ムコトレ之ヲ数重ナリ。③夜聞キ漢軍ノ四面皆楚歌スルヲ、項王乃《すなは》チ大イニ驚キテ曰《い》ハク、「漢皆已《すで》ニ得タルレ楚《そ》ヲ乎《か》。是《こ》レ何ゾ楚人之《の》多キ也《や》ト。」

書き下し文

項王の軍垓下に壁す。兵少なく食尽く。漢軍及び諸侯の兵、之を囲むこと数重なり。夜漢軍の四面皆楚歌するを聞き、項王乃ち大いに驚きて曰はく、「④漢皆已に楚を得たるか。是れ何ぞ楚人の多きや。」と。

（史記）

※・烽火…戦いののろし。
・家書…家族の手紙。
・簪…冠止め。髪に挿すもの。
・項王…項羽。楚の王。漢と激しく戦う。
・壁…たてこもる。
・垓下…地名。

(5)　A の漢詩には、作者のどのような気持ちがうたわれていますか。次から適切なものを一つ選び、記号で答えなさい。

ア　民衆への圧政に対して、怒る気持ち。
イ　家族と引き離されて、寂しく悲しい気持ち。
ウ　戦争が長く続くなかで、平和を望む気持ち。
エ　年老いた自分を寂しく振り返る気持ち。

(6)　B の漢文は、ある故事成語のもとになった話です。その故事成語を書きなさい。

（　　　）

(7)　――線③に、書き下し文を参考にして返り点を付けなさい。

夜　聞　漢　軍　四　面　皆　楚　歌

(8)　――線④「漢皆已に楚を得たるか。」とありますが、項王はなぜ、漢が楚を手に入れたと思ったのですか。次の □ にあてはまる言葉を書きなさい。

・包囲している 1 のあらゆる方向から 2 の歌が聞こえてきたので、味方である楚の人々が敵に降伏してしまったと思ったから。

1（　　　）　2（　　　）

# 11 言葉に対する理解を深める（1）

## ステップ1-A 対義語・類義語ってなんだろう?

：いきなりだけど、質問だよ。「大きい」の**反対の意味の言葉**はなんだろう?

：え……。「小さい」じゃないですか。

：そうだね。それじゃ「友達」と**似た意味の言葉**って、何か思いつくかな?

：うーん。「友人」かな……。

：いいね。そういう言葉をいろいろ知ってたら、表現できる世界が広がっていくと思わない? 反対の意味の言葉は**対義語**、似た意味の言葉は**類義語**という。

：「右」と「左」も反対の意味ですか?

：その関係は**対《つい》になる**っていうんだよ。対になる言葉、ほかに思いつくかな。

：「男」と「女」はどうですか?

：すばらしい!

---

## ポイント・1 いろいろな対義語を覚えよう

**対義語とは** お互いに反対の意味や、対になる意味の言葉のこと。

対義語を分類してみると、次のような分け方ができます。

■**品詞で分類した対義語**

高い⟷低い　浅い⟷深い　（形容詞）

上る⟷下る　寝る⟷起きる　（動詞）

兄⟷弟　長所⟷短所　（名詞）

■**共通の字があるかないかで分類した対義語**

○上の字が同じ対義語

輸入⟷輸出　地上⟷地下

○下の字が同じ対義語

善人⟷悪人　文語⟷口語

○共通の字がない対義語

前進⟷後退　拡大⟷縮小

「文語」は、昔、文章を書くときに使われた言葉で、「口語」はふだん話すときに使う言葉だよ。

## ポイント2　いろいろな類義語を覚えよう

**類義語とは**　形は違うが、意味が似かよった言葉のこと。

類義語を分類してみると、次のような分け方ができます。

**■共通の字があるかないかで分類した類義語**

○上の字が同じ類義語

外観―外見　効能―効用　否認―否定

○下の字が同じ類義語

一致―合致　外国―異国　案外―意外

○共通の字がない類義語

同意―賛成　宣伝―広告　本質―核心

**■類義語がたくさんある場合**

感動―感激―感銘

入念―丹念―細心

親類―親族―一族

欠点―短所―弱点

進化―進歩―向上

類義語は意味が似ている言葉であって、同じではない。使い方にどんな違いがあるか、考えてみよう。

## ポイント3　間違えやすい表現に注意しよう

：「彼は的を得た意見を言う。」と誰かが言ったとするよ。何かおかしいところはないかな？

：うーん……。ないと思いますけど。

：ところがあるんだ。「的を得る」ではなくて、「**的を射る**」が正しい。

：え、そうだったんですか！

：「弓で的を射る。」って言うよね。**的確に要点をおさえることを**言うんだ。

：そうだったのか。間違えて覚えていました……。

**■間違えやすい表現の例**

・嫌気《いやけ》が**さす**　（×嫌気が**する**）

・**首**をかしげる　（×**頭**をかしげる）

・押しも**押されもせぬ**　（×押しも**押されぬ**）

・汚名を**返上する**　（×汚名を**挽回《ばんかい》する**）

・食指《しょくし》を**動かす**　（×食指を**伸ばす**）

・白羽《しらは》の矢が**立つ**　（×白羽の矢を**当てる**）

・寸暇《すんか》を**惜《お》しんで**　（×寸暇を**惜しまず**）

・成功裏《り》**に**　（×成功裏**のうちに**）

## ステップ 1-B 慣用句・ことわざ・故事成語とは？

：明日は期末試験の最終日です。

：あと一息だね。最後まで**手を抜かずに**がんばろう。

：……。今思ったんですけど、「手を抜く」って、そのままの意味だと、ちょっと怖いですね。

：そうだね。でも、この場合は「仕事などをいい加減にする。」という意味の**慣用句**だよ。

：慣用句になると、意味が変わってしまうんですか？

：そうなんだ。**いくつかの言葉が結びついて、別の意味を表す**のが慣用句だからね。慣用句を使うと、シンプルに、的確に、伝えたいことを相手に伝えられるよ。慣用句だけでなく、**ことわざ**や、**故事成語**などもいっしょに覚えたいものだね。

：覚えなくちゃいけないことがたくさんありますね。

：でも、覚えておけば試験に役立つのはもちろん、会話や作文を書くときに、表現のはばが広がるよ。

：「手を抜かずに」覚えなくちゃいけませんね。

：その通り！

---

## ポイント1 慣用句の使い方を覚えよう

慣用句とは　二つ以上の言葉を組み合わせてできた言葉。**本来の意味とは違う**特別な意味を表す。

### ■体の一部を用いた慣用句

**足《あし》が棒《ぼう》になる**　意味 足が非常に疲れること。

例 長い間歩き回ったので、足が棒になった。

**手《て》がかかる**　意味 多くの時間や労力がかかること。

例 この料理は思いのほか手がかかる。

**腹《はら》が立《た》つ**　意味 怒ること。　類 **頭にくる**

例 あまりの理不尽さに腹が立つ。

**目《め》にあまる**　意味 見過ごせないほどひどい様子。

例 となりの子のいたずらは目にあまるよ。

### ■その他の慣用句

**相づちを打《う》つ**　意味 相手の話に調子を合わせること。

例 友人の話を聞きながら、相づちを打つ。

**水《みず》に流《なが》す**　意味 昔の事をなかったことにすること。

例 以前の失敗は、さっぱりと水に流す。

**根《ね》も葉《は》もない**　意味 何の根拠もない。

例 君が聞いたのは、根も葉もないうわさだ。

## ポイント 2　ことわざの意味をつかもう

**ことわざとは**　昔から言い伝えられている教えや知恵などを、短い言い回しで表した言葉。

**石《いし》の上《うえ》にも三年《さんねん》**
意味 辛抱強く行えば、必ず成功するということ。
例 勉強は石の上にも三年、一日で完璧になんてならない。

**急《いそ》がば回《まわ》れ**　意味 安全で着実な方法をとる方がよい。

**馬《うま》の耳《みみ》に念仏《ねんぶつ》**　意味 いくら言っても効き目がないこと。
例 どんなにあの子に注意したって、馬の耳に念仏だよ。
類 **犬《いぬ》に論語《ろんご》**　**馬耳東風《ばじとうふう》**

**光陰矢《こういんや》の如《ごと》し**　意味 年月がたつのは非常に早いこと。
例 君がもう中学生だとは、光陰矢の如しだなあ！

**猿《さる》も木《き》から落《お》ちる**　意味 名人でも失敗することもある。
類 **弘法《こうぼう》にも筆《ふで》の誤《あやま》り**　**河童《かっぱ》の川流《かわなが》れ**

**猫《ねこ》に小判《こばん》**
意味 価値を知らない者に与えても無駄だということ。
類 **豚《ぶた》に真珠《しんじゅ》**

**のれんに腕押《うでお》し**　意味 手ごたえや張り合いがないこと。
例 彼と議論してものれんに腕押しでつまらないな。
類 **ぬかに釘《くぎ》**　**豆腐《とうふ》にかすがい**

## ポイント 3　故事成語の成り立ちを知ろう

**故事成語とは**　**故事**とは、中国に伝わる古い出来事や物語のこと。故事成語は故事を元にしてできた短い言葉のこと。

**矛盾《むじゅん》**　意味 つじつまが合わないこと。
〈故事〉どんなものでも突き通す矛と、どんな攻撃も防ぐ盾を売っているという商人がいた。その矛でその盾を突いたらどうなるか。商人は答えることができなかった。

**五十歩百歩《ごじっぽひゃっぽ》**　意味 たいした違いはないこと。
〈故事〉戦いのときに、五十歩逃げた者が百歩逃げた者のことを笑ったが、どちらも逃げたことに変わりはない。

**蛇足《だそく》**　意味 余計なつけたし。あっても仕方がないもの。
〈故事〉蛇の絵を描く競争で、一番に描き上げた者が、余計な足を描いたために賭けに負けてしまった。

**漁夫《ぎょふ》の利《り》**　意味 二者が争う間に、第三者が利益を得ること。
〈故事〉シギ（鳥）とハマグリが争っているうちに、通りすがりの漁師が両方を捕らえてしまった。

**蛍雪《けいせつ》の功《こう》**　意味 苦労して勉学に励んだ成果。
〈故事〉家が貧しく、蛍の光や雪の明かりをたよりに勉強をして成功した人たちがいた。

## ステップ2-A 対義語・類義語・間違えやすい表現の練習

**問一** 次の言葉の対義語を、あとから選び、記号で答えなさい。 →ポイント1

(1) 輸入（　　） (2) 正常（　　）
(3) 文語（　　） (4) 前進（　　）
(5) 具体（　　）

| | | |
|---|---|---|
| ア 口語 | イ 輸出 | ウ 抽象 |
| エ 後退 | オ 異常 | |

**問二** 二つの言葉が対義語の関係になるように、次の□にあてはまる漢字をあとから選び、書き入れなさい。 →ポイント1

(1) □所↔短所 (2) 拡大↔□小
(3) □い↔深い (4) 乗る↔□りる

| | | | | | |
|---|---|---|---|---|---|
| 浅 | 降 | 右 | 長 | 高 | 縮 |

**問三** 次の言葉の類義語を、あとから選び、記号で答えなさい。 →ポイント2

(1) 外観（　　） (2) 効能（　　）
(3) 一致（　　） (4) 宣伝（　　）
(5) 同意（　　）

| | | |
|---|---|---|
| ア 合致 | イ 賛成 | ウ 外見 |
| エ 広告 | オ 効用 | |

**問四** 次の――線の言葉よりも、ふさわしい言葉をあとから選び、記号で答えなさい。 →ポイント2

(1) その小説の結末は、とても案外だ。（　　）
(2) 入念の注意を払って準備する。（　　）
(3) 生活水準の進歩が著しい。（　　）
(4) 名作が、人々に深い感激を与える。（　　）

| | | | |
|---|---|---|---|
| ア 細心 | イ 感動 | ウ 向上 | エ 意外 |

**問五**　次の文の（　）の言葉から、ふさわしいほうを選び、記号に○をつけなさい。↓ポイント3

(1) 前回のテストの汚名を、今回のテストで（**A** 挽回《ばんかい》する・**B** 返上する）つもりだ。

(2) 五つあったお菓子が、四つしか残っていないので、母は（**A** 首をかしげている・**B** 頭をかしげている）。

(3) 毎日同じことを繰《く》り返していると、（**A** 嫌気《いやけ》がしてくる・**B** 嫌気がさしてくる）。

**問六**　次の中から、——線の語が正しく使われているものを一つ選び、記号で答えなさい。↓ポイント3　（　　）

**ア**　合唱コンクールが、成功裏《り》のうちに終わる。
**イ**　父は長年、寸暇《すんか》を惜しまず働いた。
**ウ**　生徒会長の候補として、白羽《しらは》の矢を当てる。
**エ**　彼は、今や押しも押されもせぬエースだ。
**オ**　相手の食指《しょくし》が伸びるような誘い文句を考える。

## チャレンジ問題

対義語・類義語、間違えやすい表現について、次の問いに答えなさい。

**1**　次の言葉の組み合わせが、対義語ならA、類義語ならB、どちらでもなければCを書きなさい。

(1) 簡単・容易（　　）　(2) 理想・現実（　　）
(3) 将来・必然（　　）　(4) 手段・方法（　　）
(5) 義務・権利（　　）　(6) 感心・親切（　　）

**2**　次の文の｛　｝の言葉のうち、適切なほうを○で囲みなさい。

(1) 緊張がゆるんで、おもわず｛笑み／笑顔｝がこぼれる。

(2) 磁石を使って｛方向／方角｝を知る。

(3) 彼の発表には、誰もが｛思いも寄らない／思いもつかない｝新しい発想が見られた。

## ステップ2-B　慣用句・ことわざ・故事成語の練習

**問一**　次の文の□にあてはまる慣用句を、あとから選び、記号で答えなさい。↓ポイント1

(1)　一日中《じゅう》、山道を歩き回ったので、□。（　　）

(2)　私の妹は幼いので、まだまだ□。（　　）

(3)　昔のけんかについては、一切《いっさい》□。（　　）

| | |
|---|---|
| ア　手がかかる | イ　腹が立つ |
| ウ　足が棒になる | エ　水に流す |

**問二**　次の慣用句の意味を、あとから選び、記号で答えなさい。↓ポイント1

(1)　目にあまる（　　）

(2)　相づちを打つ（　　）

(3)　頭にくる（　　）

ア　怒ること。
イ　見過ごせないほどひどい様子。
ウ　相手の話に調子を合わせること。

---

**問三**　次の文を読み、――部のことわざの使い方が正しい文には○、誤っている文には×をかきなさい。↓ポイント2

(1)　優勝を目指して練習してきたけれど、決勝で負けてしまった。やはり、石の上にも三年だった。（　　）

(2)　とても忙しいが、こういうときこそ急がば回れで着実にやろう。（　　）

(3)　もうあれから一年経ってしまったか。光陰矢の如《ごと》しだなあ。（　　）

(4)　毎日繰り返し聴いていたので、英語の意味がわかるようになったよ。馬の耳に念仏だね。（　　）

**問四**　次のことわざと似た意味のことわざをあとから選び、記号で答えなさい。↓ポイント2

(1)　のれんに腕押し（　　）

(2)　猫に小判（　　）

(3)　弘法《こうぼう》にも筆の誤り（　　）

| | |
|---|---|
| ア　豚《ぶた》に真珠《しんじゅ》 | イ　ぬかに釘《くぎ》 |
| ウ　河童《かっぱ》の川流《かわなが》れ | エ　急《いそ》がば回《まわ》れ |

**問五**　次の故事成語の元となった故事を、意味を参考にしながらあとから選び、記号で答えなさい。↓ポイント3

(1) 矛盾　意味 つじつまが合わないこと。（　）

(2) 蛇足　意味 余計なつけたし。あっても仕方がないもの。（　）

(3) 五十歩百歩　意味 たいした違いはないこと。（　）

(4) 漁夫の利　意味 二者が争う間に、第三者が利益を得ること。（　）

| |
|---|
| **ア**　蛇の絵を描く競争で、一番に描き上げた者が、余計な足を描いたために賭けに負けてしまった。 |
| **イ**　戦いのときに、五十歩逃げた者が百歩逃げた者のことを笑ったが、どちらも逃げたことに変わりはない。 |
| **ウ**　シギ(鳥)とハマグリが争っているうちに、通りすがりの漁師が両方を捕らえてしまった。 |
| **エ**　どんなものでも突き通す矛と、どんな攻撃も防ぐ盾を売っているという商人がいた。その矛でその盾を突いたらどうなるか。商人は答えることができなかった。 |

**チャレンジ問題**　意味を参考にしながら、□にあてはまる慣用句・ことわざ・故事成語をあとから選び、書きなさい。

(1) あの人は□物言いをする人だ。
意味 相手のことを考えず、思ったことをずけずけと言うこと。（　）

(2) 折角の機会を□なんて、もったいないことをするなあ。
意味 それまで積み重ねてきた努力や成果をふいにすること。（　）

(3) 富士山がこんなに美しいだなんて。□だね。
意味 人から何度も話を聞くよりも、一度の体験のほうが勝る。（　）

(4) そんなこと、気にする必要はないよ。□だよ。
意味 心配する必要のないことを心配すること。（　）

| | | |
|---|---|---|
| 焼《や》け石《いし》に水《みず》 | 杞憂《きゆう》 | 棒《ぼう》に振《ふ》る |
| 百聞《ひゃくぶん》は一見《いっけん》にしかず | 助長《じょちょう》 | 歯《は》に衣着《きぬき》せぬ |

# 12 言葉に対する理解を深める（2）

## ステップ 1-A 漢字・熟語について知ろう！

：漢字とアルファベットの違いを挙げてみよう。

：ええと……。全然違うじゃないですか。どこって言われても……。

：いろいろあるけど、アルファベットは、いくつかの文字の組み合わせで一つの言葉になっているが、**漢字は一字だけで意味を表す**。それが漢字の大きな特徴だよ。そういう文字を何というか、知ってるかな？

：……知りません。

：**表意文字**というんだ。いっぽうで、音を表す仮名などの文字は、**表音文字**という。では、漢字がいくつか組み合わさってできた言葉のことは？

：**熟語**！

：はい、正解。意味をもつ漢字をいくつか組み合わせて、さらに多くの言葉をつくりだしたというわけさ。

---

### ポイント 1 漢字の成り立ちを理解しよう

漢字は、成り立ちによって、次のように分けられます。

■**象形《しょうけい》文字**…具体的な物の形からできた文字。

例 山・月・魚・川・木・鳥

■**指事《しじ》文字**…形に表せないことを表した文字。

例 中・上・一・二・本・末

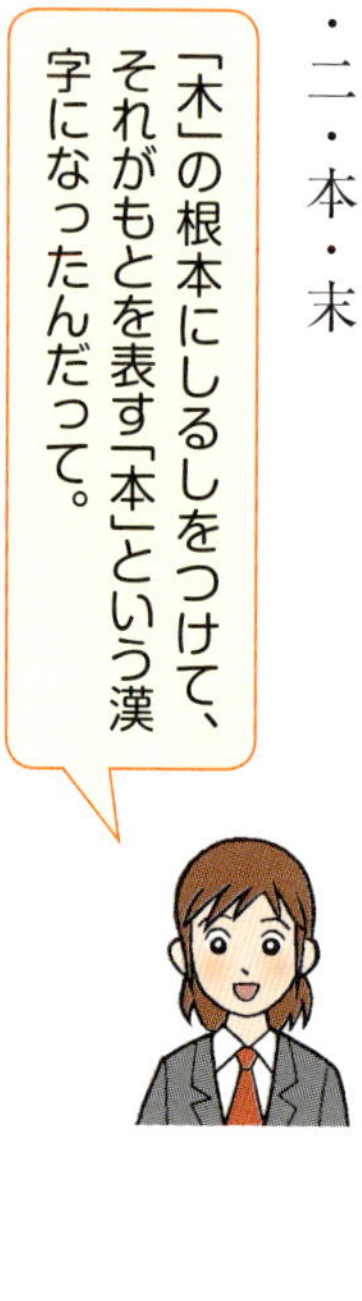
「木」の根本にしるしをつけて、それがもとを表す「本」という漢字になったんだって。

■**会意《かいい》文字**…二つ以上の漢字の意味を組み合わせてできた文字。

例 「日＋月＝明」 林・鳴・位

■**形声《けいせい》文字**…意味を表す部分と音《おん》を表す部分とからなる文字。

例 「晴」→「日（意味）＋青《せい》（音）＝晴《せい》」 河・紅・花

＊漢字の成り立ちの説明については、辞書によって違う場合があります。

## ポイント・2 二字熟語の成り立ちを理解しよう

熟語は、成り立ちによって、次のように分けられます。

**■意味の似た字を並べたもの**

例 ・絵画（絵―画） ・道路（道―路）
・岩石（岩―石） ・身体（身―体）

**■反対（対《つい》）の意味の字を並べたもの**

例 ・古今《ここん》（古↔今） ・男女（男↔女）
・前後（前↔後） ・寒暖（寒↔暖）

**■上の字が主語、下の字が述語になっているもの**

例 ・日没（日が没する） ・人造（人が造る）
・雷鳴（雷が鳴る） ・市営（市が営む）

**■上の字が述語、下の字が修飾語になっているもの**

例 ・作文（文を作る） ・読書（書を読む）
・登山（山に登る） ・乗車（車に乗る）

**■上の字が下の字を修飾しているもの**

例 ・青空（青い空） ・急行（急いで行く）
・作品（作る品） ・美声（美しい声）

このほかにも、「不」「無」などの**接頭語**が付いたもの、「的」「化」などの**接尾語**が付いたものもあるよ。
例「不備」「無期」「端的」「美化」

## ポイント・3 四字熟語の成り立ちを理解しよう

四字熟語も次のように分類できます。

**■数字が使われているもの**

例 二束三文 意味 数が多くて、とても値段が安いこと。
三寒四温 意味 寒い日と温暖な日が繰り返されること。
八方美人 意味 誰に対してもいい顔をすること。

**■上の二字と下の二字が似た意味になっているもの**

例 自由自在 意味 思いのままにできる様子。
絶体絶命 意味 逃れられない困難な状況にあること。
日進月歩 意味 物事が、絶えず進歩していくこと。

**■上の二字と下の二字が反対（対《つい》）の意味になっているもの**

例 自問自答 意味 自分で問いかけ、自らそれに答えること。
大同小異 意味 細かい点だけ違って、大差のないこと。
半信半疑 意味 半ば信じて、半ば疑うこと。

**■四字を対等に並べたもの**

例 東西南北 意味 四方。あちらこちら。
花鳥風月 意味 美しい自然の風物。

## ステップ1-B 同音異義語・同訓異字・熟字訓とは？

：漢字の小テストで、「意外な結末。」というのを、「以外な結末。」って書いて×になっちゃいました……。

：そういうのを同音異義語《どうおんいぎご》っていうんだ。**音読みの熟語の中で、同じ発音で意味の違うもの**のこと。日本語にはそういう言葉が多いので注意が必要だね。

：テストの前に言ってほしかった……。

：さらに、同訓異字《どうくんいじ》というものもある。同訓異字とは、**同じ訓読みをしながら意味が違う漢字**のことだよ。「服を着る。」や「紙を切る。」などがそうだね。

：だから……。それは、テストの前に……。

：最後に、熟字訓《じゅくじくん》。「昨日(きのう)」「七夕(たなばた)」のように、**本来の読み方とは違う特別な読み**のことを熟字訓という。この三つは、漢字の学習において、注意すべきポイントなんだよ。ところで、同訓異字や熟字訓の問題は正解できたのかな？

：……今度は頑張ります！

### ポイント1 同音異義語を覚えよう

例

習慣《しゅうかん》…繰《く》り返すうちに、きまりのようになったこと。

週刊《しゅうかん》…新聞や雑誌などを一週間に一回発行すること。

週間《しゅうかん》…特別な行事などをする七日間のこと。

三つとも「シュウカン」と読むけれど、意味はそれぞれ違うね。使い方を考えてみよう。

**問題** 次の□には、「習慣」「週刊」「週間」のどれが入りますか。

・早寝早起きの□をつける。

ほかにも次のような例があります。

・タイショウ
- 対象 意味 動作や行為の目標やめあて。
- 対称 意味 互いに対応してつり合うこと。
- 対照 意味 二つの違いがきわだっていること。

・セイサク
- 制作 意味 絵などの芸術作品をつくること。
- 製作 意味 品物をつくること。

・サイカイ
- 再開 意味 一度やめたものを、再び開くこと。
- 再会 意味 離れていたものが再び会うこと。

・カンシン
- 関心 意味 特に心を引かれること。
- 感心 意味 心に深く感じること。

■**解答** 習慣

## ポイント 2 同訓異字を覚えよう

例
修《おさ》める 意味 学問をし、自分のものにすること。
治《おさ》める 意味 政治を行うこと。
収《おさ》める 意味 自分のものにすること。
納《おさ》める 意味 お金や品物をわたすこと。

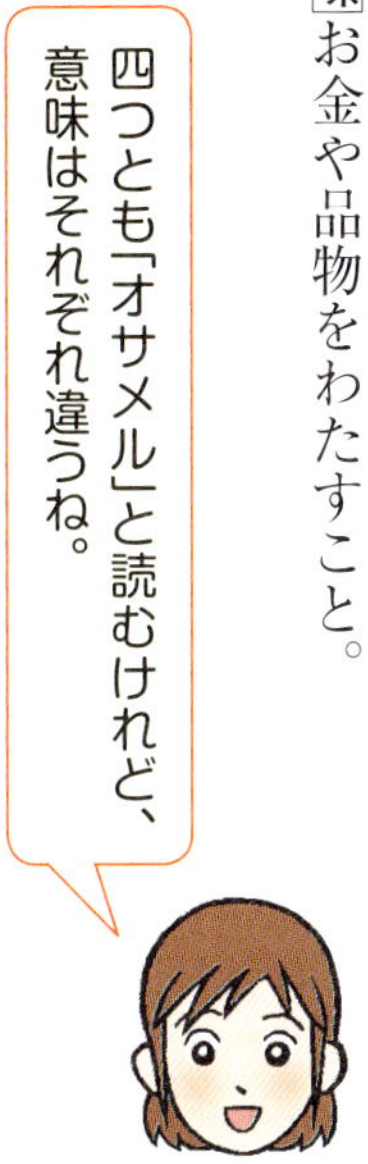
四つとも「オサメル」と読むけれど、意味はそれぞれ違うね。

ほかにも次のような例があります。

・つとめる
- 努める 意味 努力して行う。
- 勤める 意味 役所や会社などに行って働く。
- 務める 意味 役目を受けもつ。

・つく
- 付く 意味 あるものがふれて、とれなくなる。
- 着く 意味 めあてのところに達する。
- 就く 意味 ある地位になり、その仕事をする。

・とる
- 取る 意味 自分のものとする。
- 執る 意味 仕事などをする。
- 採る 意味 人などを選びとる。

・あたたかい
- 温かい 意味 物の温度が程よい。
- 暖かい 意味 寒くも暑くもなく程よい。

使い方の例 温かい食事。暖かい日が続く。

## ポイント 3 熟字訓を覚えよう

漢字を使った言葉には、特別な読み方をするものがあります。それらを**熟字訓**とよぶことがあります。

例 今日《きょう》、スーパーで果物《くだもの》を買いました。真っ赤《まっか》なりんごがとてもおいしそうでした。（——線が熟字訓。）

ほかにも、次のような熟字訓があります。

梅雨《つゆ》 意味 おもに六月、七月頃に降り続く雨のこと。
紅葉《もみじ》 意味 ①秋に葉の色が赤や黄色に変わること。②カエデ。
海原《うなばら》 意味 広々とした海。
名残《なごり》 意味 物事が終わった後に、その様子が残っていること。
乳母《うば》 意味 母親に代わって、子供に乳を飲ませて育てる女の人。
時雨《しぐれ》 意味 秋から冬にかけて降ったりやんだりする雨のこと。
田舎《いなか》 意味 都会から離れた土地。地方。
大和《やまと》 意味 今の奈良《なら》県の辺りの昔の呼び名。また、日本の異称。
意気地《いくじ》 意味 ことをやりとげようとする強い気持ち。
波止場《はとば》 意味 船着き場。または港のこと。

## ステップ2-A　漢字の成り立ちと熟語の問題

**問一**　次の(1)〜(4)の漢字の成り立ちを、あとから選び、記号で答えなさい。→ポイント1

(1)　上（　　）　(2)　鳴（　　）
(3)　木（　　）　(4)　花（　　）

**ア**　象形《しょうけい》文字……具体的な物の形からできた文字。
**イ**　指事《しじ》文字……形に表せないことを表した文字。
**ウ**　会意《かいい》文字……二つ以上の漢字の意味を組み合わせてできた文字。
**エ**　形声《けいせい》文字……意味を表す部分と音《おん》を表す部分とからなる文字。

**問二**　次の形声文字の、意味を表す部分・音を表す部分を、それぞれ書きなさい。→ポイント1

(1)　晴　**意味**（　　）　**音**（　　）
(2)　河　**意味**（　　）　**音**（　　）

**問三**　次の二字熟語の成り立ちを、あとから選び、記号で答えなさい。→ポイント2

(1)　人造　（人が造る）（　　）
(2)　急行　（急いで行く）（　　）
(3)　岩石　（岩――石）（　　）
(4)　読書　（書を読む）（　　）
(5)　男女　（男↔女）（　　）

**ア**　意味の似た字を並べたもの
**イ**　反対（対《つい》）の意味の字を並べたもの
**ウ**　上の字が主語、下の字が述語になっているもの
**エ**　上の字が述語、下の字が修飾語になっているもの
**オ**　上の字が下の字を修飾しているもの

**問四**　次の漢字に、接頭語「不」「無」のどちらかを付けて、熟語を完成させなさい。→ポイント2

(1)　期（　　）　例　□期延期が決まる。
(2)　備（　　）　例　手続きの□備。

**問五** 次の意味にあてはまる四字熟語を、あとから選び、記号で答えなさい。 ↓ポイント3

(1) 細かい点だけ違って、大差のないこと。 （　）
(2) 思いのままにできる様子。 （　）
(3) 自分で問いかけ、自らそれに答えること。 （　）
(4) 逃れられない困難な状況にあること。 （　）
(5) 数が多くて、とても値段が安いこと。 （　）

| | | |
|---|---|---|
| ア 二束三文 | イ 日進月歩 | ウ 自問自答 |
| エ 自由自在 | オ 絶体絶命 | カ 大同小異 |

**問六** 次の□に適切な漢数字を入れて、四字熟語を完成させなさい。 ↓ポイント3

(1) □方美人 意味 誰に対してもいい顔をすること。
(2) 三寒□温 意味 寒い日と温暖な日が繰り返されること。

---

**チャレンジ問題** 漢字の成り立ち・熟語について、次の問いに答えなさい。

**1** 次の形声文字の意味を表す部分を書きなさい。
(1) 板 （　）
(2) 問 （　）

**2** 次の熟語の中から、上の字が主語、下の字が述語になっているものを一つ選び、記号で答えなさい。 （　）

ア 天地　イ 樹木
ウ 民営　エ 負傷

**3** 上の二字と下の二字が反対の意味の四字熟語になるように、次の□□にあてはまる言葉をあとから選び、書きなさい。

(1) □□一憂
(2) 針小□□

| | | | | |
|---|---|---|---|---|
| 棒大 | 不変 | 一長 | 一喜 | 開口 |

## ステップ 2-B　同音異義語・同訓異字・熟字訓の問題

**問一**　次の文の□にあてはまる言葉を、下のA・Bから選び、記号で答えなさい。→ポイント1

(1) 左右□《たいしょう》ではない形。　A 対照　B 対称　（　）

(2) 高校生□《たいしょう》の問題集。　A 対象　B 大将　（　）

(3) □《たいしょう》的な二人。　A 対照　B 大賞　（　）

(4) 悪い□《しゅうかん》を改める。　A 週刊　B 習慣　（　）

(5) 今週は読書□《しゅうかん》だ。　A 週間　B 週刊　（　）

(6) 絵画の□《せいさく》に取りかかる。　A 制作　B 政策　（　）

(7) 試作品を□《せいさく》する。　A 政策　B 製作　（　）

(8) 政府の新しい□《せいさく》。　A 製作　B 政策　（　）

**問二**　次の文の□にあてはまる言葉を、下のA・Bから選び、記号で答えなさい。→ポイント2

(1) 学力向上に□《つとめる》。　A 努める　B 務める　（　）

(2) 劇で主役を□《つとめる》。　A 勤める　B 務める　（　）

(3) 会社に□《つとめる》。　A 努める　B 勤める　（　）

(4) 汚れが□《つく》。　A 付く　B 就く　（　）

(5) もうすぐ駅に□《つく》。　A 就く　B 着く　（　）

(6) 新しい仕事に□《つく》。　A 就く　B 付く　（　）

(7) 新入社員を□《とる》。　A 執る　B 採る　（　）

(8) 返信の筆を□《とる》。　A 取る　B 執る　（　）

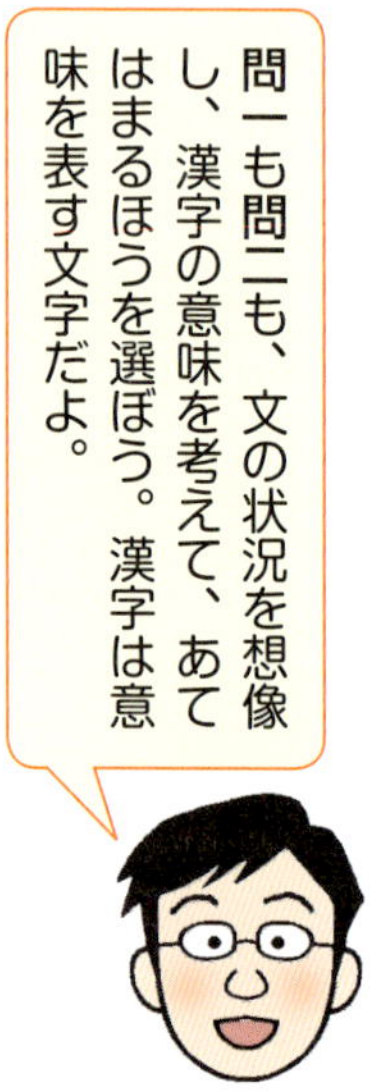
問一も問二も、文の状況を想像し、漢字の意味を考えて、あてはまるほうを選ぼう。漢字は意味を表す文字だよ。

**問三**　次の――線の熟字訓の読みを、平仮名で書きなさい。　→ポイント3

(1)　祖母が①乳母車を押している古い写真がある。②田舎の風景の中に、ぽつんとたたずんでいる。

①（　　　　）　②（　　　　）

(2)　小さなてのひらのような①紅葉の葉を拾い、季節が過ぎていくのが②名残惜しいような気持ちになる。

①（　　　　）　②（　　　　）

**問四**　次の――線の平仮名を、漢字に直しなさい。　→ポイント3

(1)　大うなばらへと小舟でこぎ出す心境だ。（　　　　）

(2)　蟬《せみ》しぐれという語を季語として、俳句を作る。（　　　　）

(3)　彼は、いくじがない人だ、と言われている。（　　　　）

(4)　現在の奈良《なら》県の辺りを、昔はやまとと言った。（　　　　）

---

**チャレンジ問題**　同音異義語・同訓異字・熟字訓について、次の問いに答えなさい。

**1**　次の――線の片仮名にあてはまる言葉を、あとから選び、記号で答えなさい。

(1)　博士は、既に実験の成功をカクシンしていた。

（ア　革新　イ　確信　ウ　核心）（　　　　）

(2)　交通量を、一時的にキセイする。

（ア　規制　イ　既成　ウ　帰省）（　　　　）

**2**　次の――線の平仮名にあてはまる言葉を、あとから選び、記号で答えなさい。

(1)　風呂《ふろ》上がりに体重をはかる。

（ア　測る　イ　図る　ウ　量る）（　　　　）

(2)　数多くの書物をあらわす。

（ア　表す　イ　著す　ウ　現す）（　　　　）

**3**　次の――線の読みを、平仮名で書きなさい。

(1)　グラウンドの芝生の緑が鮮やかだ。（　　　　）

(2)　土産をたくさん買って新幹線に乗る。（　　　　）

# 国語学習の意味

君たちは、国語という教科にどんなイメージをもっているだろうか。

「日本語だから、それほど勉強しなくても何とかなる。」と思っていないだろうか。おそらく、そうした理由で多くの中学生が国語の勉強を軽視しているのが実情だろう。

確かに、英語や数学に比べると、必要な勉強量は少なくて済む。しかし、国語の勉強を無意識で何となくやっているのでは、成果は上がらない。英語や数学と同じぐらい、意識的に取り組むことが必要である。

国語の勉強に意識的に取り組むためには、次のことを絶対に守ってほしい。

## 1 文章を「感覚」で読むな！

「大体こんな感じの内容」で読解を済ませてはならない。意味のわからない言葉を辞書で調べたり、文章全体の筋道や流れを押さえたりして、文章を「緻密」に読むことが大切である。「緻密」に読むとは、細かい部分まで面倒くさがらずに「根気強く」読むことを言う。

## 2 設問を「カン」で解くな！

設問に対してじっくり考えずに「カン」で答えるのでは、クイズと同じである。必ず、文章中の「根拠」（そう言えるわけ）に基づいて、「論理的」に答える必要がある。「論理的」に答えるとは、根拠と答えを結びつけて考えることを言う。

このように、国語学習には人間の頭を「緻密」で「論理的」に進化させる働きがある。このことは、まさに「地頭」（じあたま＝脳の基本的な機能）が向上することを意味する。

それだけではない。地頭が良くなれば、国語以外の教科（数学・英語・理科・社会）にもその効果は波及する。教科によって性質は多少違っていても、学校の勉強というものは「緻密」で「論理的」な取り組みが必要であるという点では共通しているからである。

そうした意味では、国語という教科は「すべての教科の基礎」になっていると言っても過言ではない。

国語という教科がいかに学ぶ価値の大きい教科であるか、おわかりいただけただろうか。国語の勉強を軽視することは、君たちの学力向上と人間形成にとって大きな損失であると認識すべきなのである。

# 最後の質問（二題）

これで、国語の「基礎知識」の勉強が一通り終わったことになります。

でも、まだ終わりではないよ。「最後の質問」が二題、残っているんだ。

**最後の質問［その一］**

この問題集を使った勉強を振り返って、次の中から自分に最もよくあてはまるものを選んでみよう。

**①かなり難しく感じ、あまりよく理解できなかった。**
**②難しく感じた点もあるが、それなりに理解できた。**
**③難しく感じた点がほとんどなく、十分に理解できた。**

自分にあてはまるものがわかったら、次の説明を読んでみよう。

①にあてはまる人
↓**くじけず、もう一度この問題集を繰り返そう。**
②にあてはまる人
↓**「重要ポイント」を選んで、もう一度復習しよう。**
③にあてはまる人
↓**「自分の弱点となるポイント」だけを選んで、もう一度復習しよう。**

「何だ。結局、繰り返すんじゃないか。」と思うかもしれないが、その通り。勉強というものは、一回やっただけで身につくものではないんだ。繰り返して、初めてモノになるんだよ。一回やっただけで終わりにしてしまうと、どんどん忘れていって、結局一回も勉強しなかったのとほとんど変わらなくなってしまうんだ。つまり、一回やった勉強は、そのあと繰り返して、初めてやった意味があると言えるんだよ。

**最後の質問［その二］**

この問題集を使った勉強を通して、自分の学力についてどんなことがわかったか、自分でまとめてみよう。

（例）
- **自分がどこで「つまずいている」のか、わかった。**
- **今まで「わかったつもり」だった所が、本当にわかった。**
- **自分がどんなミスをよくするのか、わかった。**

……など

「最後の質問」が終わったら、次はいよいよ『逆転合格！国語 30日間問題集』に取り組む番だ。

トライのプロ教師といっしょに、受験勉強を乗り切っていこう！

『トライ式逆転合格！』プロ家庭教師一同

トライ式 逆転合格! 国語［基礎編］

2012年6月18日　初版1刷発行

著者　家庭教師のトライ
執筆チーム　落合亜悠実　吉田真理子　山田将嗣　調拓郎

発行者　佐藤均
発行所　株式会社 光文社
〒112-8011 東京都文京区音羽1-16-6
http://www.kobunsha.com/
電話　出版企画室 03(5395)8143
書籍販売部 03(5395)8113
業務部 03(5395)8125
落丁本・乱丁本は業務部にご連絡くだされば、お取替えいたします。

装丁　福田和雄(Fukuda Design)
イラスト　石黒あつし
編集協力　株式会社 アポロ企画
印刷所　中央精版印刷株式会社
製本所　中央精版印刷株式会社


ISBN978-4-334-93482-8

トライ式 逆転合格！

# 国語［基礎編］

# 解答

# 1 新聞記事

## ～新聞はこう読もう～

■次のA・Bは、ある日の一面に載った記事です。これを読んで、あとの問題に答えなさい。

A

見出し　「命に感謝しプレー」

リード

**選抜高校野球開幕**

東日本大震災をうけ、「がんばろう！　日本」をスローガンに掲げる第83回選抜高校野球大会（日本高校野球連盟・毎日新聞社主催、朝日新聞社後援、阪神甲子園球場特別協力）が23日、兵庫県西宮市の阪神甲子園球場で、被災地の高校を含む32校が出場し開幕。開会式の冒頭、震災の犠牲者に黙祷《もくとう》が捧《ささ》げられた。

**＝10面に甲子園から元気を**

朝日新聞二〇一一年三月二三日（夕刊）より

(1) AとBは、何についての記事ですか。「いつ・どこで・何が」行われたかを明確にして、簡潔にまとめて書きなさい。→ポイント2

**例 23日に、阪神甲子園球場で行われた選抜高校野球大会の開幕について。**

「いつ・どこで・何が」という基本的な情報をしっかり確かめましょう。

(2) AとBの関係について説明したものとして、適切なものを一つ選び、記号で答えなさい。→ポイント2

ア　Aは全体の内容の概略で、Bは内容の詳細。
イ　AとBは、違う視点で書かれて対比されている。
ウ　Aは詳細に書かれており、Bはその補足説明。

リードは、記事全体の要約です。

ア

(3) Aの終わりに「＝10面に甲子園から元気を」とありますが、これは、どういう意味ですか。次から適切なものを一つ選び、記号で答えなさい。→ポイント1

ア　記事の続きが10面にあるという意味。
イ　本文が10面にあるという意味。
ウ　関連した記事が10面にあるという意味。

一面の記事には、別の面に関連記事があることを示してある場合もあります。

ウ

本冊のページ 10

**B** **本文**

夜間試合回避へ試合開始時間を繰り上げたことから、開会式は簡素化され、場内を一周する入場行進は取りやめた。32校が外野に整列し、1校ずつ内野へ前進。地震で甚大な被害を受けた東北(宮城)の校名がアナウンスされると、観客席から大きな拍手がわいた。

選手宣誓は、創部1年で初出場の創志学園(岡山)・野山慎介主将(2年)が務め、「人は仲間に支えられることで、大きな困難を乗り越えられると信じています。がんばろう、日本。生かされている命に感謝し、全身全霊で正々堂々とプレーすることを誓います」と宣誓した。

朝日新聞二〇一一年三月二三日(夕刊)より

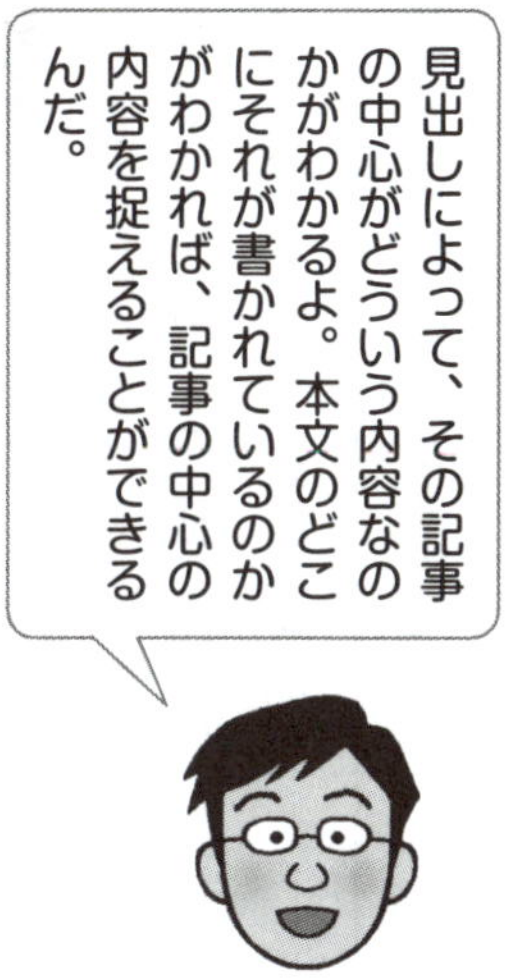
見出しによって、その記事の中心がどういう内容なのかがわかるよ。本文のどこにそれが書かれているのかがわかれば、記事の中心の内容を捉えることができるんだ。

(4) **A**にはなくて**B**に新しく出てくる情報を、次からすべて選び、記号で答えなさい。→ポイント1

**ア** 東北(宮城)の校名がアナウンスされると、観客席から大きな拍手がわいた。

**イ** 場内を一周する入場行進は取りやめた。

**ウ** 開会式の冒頭、震災の犠牲者に黙禱が捧げられた。

**エ** 開会式では、選手宣誓がされた。

**オ** 被災地の高校を含む32校が参加した。

本文には、見出しやリードにはない詳しい情報が書かれています。

（ ア、イ、エ ）

(5) この記事の中心となる部分はどこですか。**A**の**見出し**を参考に、次の文の□にあてはまる言葉を、**B**の**本文**から探して書きなさい。→ポイント2

選手宣誓では、創志学園・野山主将が、「がんばろう、日本。□し、正々堂々プレーする」と宣誓した。

（ **生かされている命に感謝** ）

見出しと本文の関係を理解しておきましょう。選手宣誓の中でも、重要な部分が見出しになっています。

# 1 新聞記事
## ～新聞はこう読もう～

ステップ3の解答

■次のAとBは、同じ日の「一面」と「社会面」に載った記事です。これを読んで、あとの問題に答えなさい。

A　小笠原、世界遺産に登録　ユネスコ委決定

パリで開かれているユネスコの世界遺産委員会は24日、日本政府が推薦した小笠原諸島（東京都）を世界自然遺産に登録することを決めた。大陸と一度も地続きになっておらず、独自の進化をとげた動植物が多いことなどが評価された。

小笠原諸島は、東京湾から南に約千キロ離れた大小約30の亜熱帯の島々。公共の交通機関は東京から片道25時間半の船だけだ。登録区域は父島、母島の居住地などを除く陸域6360ヘクタール、海域1580ヘクタールとなる。

国内の世界自然遺産は、1993年の屋久島（鹿児島）と白神山地（青森、秋田）、2005年の知床（北海道）に続き4件目。小笠原の固有種は、カタツムリ類106種のうち100種（94％）、樹木やシダ植物など441種のうち161種（36％）、昆虫類1380種のうち379種（27％）に上る。生息数が300頭ほどのオガサワラオオコウモリ、数十羽のアカガシラカラスバトなど絶滅が危ぶまれる希少種も多い。

朝日新聞二〇一一年六月二五日より

(1) Aの内容を次のようにまとめました。□にあてはまる言葉をAから抜き出しなさい。

1で開かれているユネスコの世界遺産委員会は、2日、小笠原諸島を3に登録することを決めた。独自の進化をとげた動植物が多いことなどが評価された。国内の3は、4件目。小笠原には固有種や、絶滅が危ぶまれる4も多い。

一面の記事は、「いつ・どこで・誰が・何を」がはっきり書かれている場合が多いので、注目しましょう。

1（パリ）　2（24）
3（世界自然遺産）　4（希少種）

(2) Bの内容と合致するものを、次から一つ選び、記号で答えなさい。

選択肢と、記事を注意深く比べて、ア、イ、ウが合致しないことを確認しましょう。

ア　ガラパゴス諸島と小笠原諸島は、同じ道をたどることになるだろうと予測されている。
イ　世界自然遺産への登録を機に、観光客の上陸を制限する案が取りざたされている。
ウ　小笠原諸島は、世界自然遺産とともに、危機遺産にも登録されている。
エ　観光客の増加が予測される中で、国や東京都は、固有種保護のための方策を推し進めようとしている。

エ

本冊のページ 12

**B** 観光客増で新たな※懸念　生態系悪化など※危惧

小笠原村の人口は、父島と母島を合わせて約2500人。これに対して、観光客数は年間1万5千人前後にのぼる。島には民間空港がなく、本州からの交通手段は、片道25時間半かかる船便に限られている。それでも、世界遺産への登録を機に観光客数は今後増えることが見込まれる。

観光の拡大は、人の移動だけでなく、島外からの食料品などの物流も増やす。小笠原諸島の「先輩」にあたる世界自然遺産第1号のガラパゴス諸島(南米エクアドル)は、観光客の増加に伴って島の人口も急増。新たな※外来種の侵入など生態系の悪化も進み、緊急の保全策が必要とされる「危機遺産」に一時登録されたことがある。

国際自然保護連合(IUCN)は、世界遺産委員会に提出した5月の勧告で「新たな外来種侵入に対し継続的な注意が必要だ」と指摘した。これを受けて国や東京都は、島の固有生物を脅かす外来種の侵入防止策や※駆除対策をさらに推し進めていく方針だ。

朝日新聞二〇一一年六月二五日より

※・懸念…不安に思うこと。　・危惧…あやぶみ、おそれること。
・外来種…外国や外部から入ってくる生物種。
・駆除…のぞくこと。

---

(3) **A**と**B**について内容にどのような特徴があると考えられますか。次から適切なものを**二つ**選び、記号で答えなさい。

**ア** **A**は一面の記事として、主に小笠原諸島が世界自然遺産に登録された経緯や、小笠原諸島の紹介が書かれている。

**イ** **A**は一面の記事として、小笠原諸島の世界遺産登録による観光客数の増加について詳しく書いてある。

**ウ** **B**は社会面の記事として、観光客増加に伴う問題点を指摘している。

**エ** **A**では世界自然遺産登録による問題点の指摘がなされ、**B**では世界自然遺産登録の事実の紹介がなされている。

| ア | ウ |
|---|---|

**A**に比べると、**B**は、問題点を中心に書かれていることがわかります。一面では、全体的な概略を示すのに対して、社会面では、具体的で詳細な内容を扱うことが多いといえます。

(4) **B**の――線部「外来種の侵入防止策や駆除対策」とありますが、これは何のためにするのですか。次の文の□にあてはまる言葉を、**A**の中から**十一字**で抜き出しなさい。

小笠原諸島にすむ固有生物、特に□を保護するため。

| 絶 | 滅 | が | 危 | ぶ | ま | れ | る | 希 | 少 | 種 |
|---|---|---|---|---|---|---|---|---|---|---|

小笠原諸島が世界自然遺産に登録されたのは、独自の生物が多いことなどが評価されたとあります。しかし、世界自然遺産に登録されたために、生態系に悪影響が出ては意味がありません。

本冊のページ…13

# 2 文学的文章①
## ～親子の関係をテーマにした物語文～

ステップ2の解答

本冊のページ 18

■次の文章を読んで、あとの問題に答えなさい。

どこにも、勇輝《ゆうき》はいなかった。思い当たる場所は、あとは塾しかない。①まさかとは思いながら、線路沿いの道をしばらく進み、塾の入っている雑居ビルの前で自転車を停《と》めた。夜九時を過ぎているのに、塾のある四階の窓には煌々《こうこう》と明かりがともっていた。中の様子は、道路からはなにもわからない。

線路に面した窓に、大きく電話番号が書いてある。修一《しゅういち》は携帯電話を取り出した。事務室に、電話がつながる。「お電話ありがとうございます、入塾のお問い合わせでしょうか？」と、いかにもマニュアルめいた若い男の声をかわして、授業日の※ローテーションを訊《き》いた。

②中一の基礎クラスは――「月曜と木曜ですが」と男は言った。

「火曜日と金曜日じゃないんですか？」

「あ、それ、十二月までなんです。一月からは三年生の生徒さんが受験の追い込みに入るんで授業が増えるんですよ、それで、教室の都合で一年生の基礎クラスには曜日を移ってもらったんです」

---

(1) ――線部①「まさかとは思いながら」とありますが、これは、修一のどのような気持ちを表していますか。次から適切なものを一つ選び、記号で答えなさい。↓ポイント2

ア 塾にいると確信している。
イ 塾にはいないだろうと思っている。
ウ 塾には行きたくないと思っている。
エ 塾に行きたいと思っている。

[イ]

いないとは思いながら、念のため調べてみようと考えたのです。

(2) ――線部②「中一の基礎クラス」とありますが、勇輝の通う基礎クラスは、何曜日から何曜日に移りましたか。次から適切なものを一つ選び、記号で答えなさい。↓ポイント1

ア 月曜日・金曜日から火曜日・木曜日に移った。
イ 月曜日・木曜日から火曜日・金曜日に移った。
ウ 火曜日・木曜日から月曜日・金曜日に移った。
エ 火曜日・金曜日から月曜日・木曜日に移った。

[エ]

修一は、勇輝のクラスの授業日が変わったことを知らなかったのです。だから、勇輝が塾にいるとは思わなかったのです。

(3) ――線部③「いま、授業中ですか？」とありますが、修一はなぜこんなことをきき返しているのですか。次の文の[A]にあてはまる言葉を書きなさい。↓ポイント3

・勇輝が今、[A]ことを確かめたかったから。

（例 塾にいる）

「じゃあ……③いま、授業中ですか?」
「ええ。あと二、三分で終わりますが」
街じゅう走り回った疲れがいっぺんにのしかかって、その場にしゃがみこんでしまいそうになった。④ため息と苦笑いが頬からいっしょに漏れる。考えすぎだってば、とあきれる淳子《じゅんこ》の顔が浮かんだ。
額の生え際《ぎわ》ににじんだ汗を手の甲で拭《ぬぐ》っていたら、ビルの※エントランスが急に騒がしくなった。授業を終えた生徒たちが外に出てきたのだ。
修一は自転車を漕《こ》いで、⑤少し離れた暗がりで停めた。生徒たちは自転車を取りにビルの裏に回ったり立ち話をしたりして、なかなか帰ろうとしない。教室から出てくる生徒の流れも途切れず、無意味な大声をあげたり、もっと無意味に追いかけっこをしたりして、修一にも覚えがある、昼休みの学校の廊下のようなにぎわいだった。
そのなかに、勇輝も、いた。

重松清「はずれくじ」より

※・ローテーション…ここでは、授業が行われる予定のこと。
・エントランス…入り口。玄関。

---

(4) ――線部④「ため息と苦笑い」とありますが、このときの修一の気持ちとして、適切なものを次から一つ選び、記号で答えなさい。→ポイント2

ア 塾から出てくる勇輝と顔を合わせることが嫌で、逃げ出したくなるような気持ち。
イ 勇輝が本当に塾にいるのかどうか、心配で、落ち着かない気持ち。
ウ 勇輝が塾にいるらしいことがわかって、ほっとする気持ち。
エ 授業日の変更に驚き、あらかじめ言わなかった勇輝を恨む気持ち。

行方がわからなかった勇輝の居所がわかって、安心している修一の気持ちを読み取りましょう。

ウ

(5) ――線部⑤「少し離れた暗がりで停めた」とありますが、なぜ暗がりにとめたのですか。次から適切なものを一つ選び、記号で答えなさい。→ポイント2

ア 塾から出てくる勇輝を驚かそうと思ったから。
イ 勇輝と顔を合わせたくないと思ったから。
ウ 勇輝の自転車に乗っていたので、ばつが悪いから。
エ 子どもを迎えにきた父親だと思われたくなかったから。

修一は、勇輝を探していたことを、勇輝に知られたくなかったのです。

イ

本冊のページ 19

# 2 文学的文章①
## ～親子の関係をテーマにした物語文～

ステップ3の解答

■次の文章を読んで、あとの問題に答えなさい。

生徒たちは自転車を取りにビルの裏に回ったり立ち話をしたりして、なかなか帰ろうとしない。教室から出てくる生徒の流れも途切れず、無意味な大声をあげたり、もっと無意味に追いかけっこをしたりして、修一《しゅういち》にも覚えがある、昼休みの学校の廊下のようなにぎわいだった。

そのなかに、勇輝《ゆうき》も、いた。

ダッフルコートを着た女の子と二人でしゃべっていた。笑っている。照れくさそうに、だが淳子《じゅんこ》や修一に見せるときとは違う、頬をゆるめきらない笑顔だった。べつにうっとうしそうでもないのに、何度も前髪を掻き上げる。ちょっとすねたようにズボンのポケットに手を入れて、斜にかまえて肩を揺らす。なにを話しているかは聞こえないが、きっと、①おとなの声だ。

女の子は、じゃあねバイバイ、というふうに手を振って、小走りに修一のほうに向かってきた。

②まずい――と思う間もなく、彼女を見送る勇輝と目が合った。

逃げるのは、やめた。勇輝も驚いた顔で、まっすぐ修一を見つめていた。女の子が修一の脇《わき》を通り過ぎる。ショートヘアにつけたカチューシャが似合う、目のくりっとした女の子だった。

一人になった勇輝は、エントランスの階段に座って話していた男子のグループに、こっち来いよ、と手招かれた。しぐさも、派

(1) ――線部①「おとなの声」とありますが、なぜそのような声で話したと思われたのですか。次から適切なものを一つ選び、記号で答えなさい。

ア 両親に見せるのとは違う表情で、女の子の前でちょっと気取った態度を見せていたから。

イ 勇輝が塾にいるときのことは、全く知らなかったので、家で見る勇輝とは違って見えたから。

ウ 両親から離れて、大人になりたいと願っている勇輝の気持ちを初めて知ったから。

エ 勇輝がいやいや塾に通っていることが、勇輝の表情からわかったから。

「おとなの声」とは、自分をおとなに見せる声ともいえます。両親の前ではあまり見せない姿なのかもしれません。

ア

(2) ――線部②「まずい」とありますが、修一にとって、何がまずかったのですか。次の文の□にあてはまる言葉を書きなさい。

・勇輝と話していた女の子が、修一のほうに向かってきたので、勇輝と□、見つかってしまうこと。

例 目が合い

（修一は、勇輝に見つからずにいたかったのですね。）

(3) ――線部③「がんばれ」とありますが、これは修一のどんな気持ちを表していますか。次から適切なものを一つ選び、記号で答えなさい。

本冊のページ 20

手な色使いのサテンのジャンパーを羽織ったいでたちも、あまりまじめそうな連中ではない。竹内《たけうち》という同級生も、そこにいるのかもしれない。

勇輝は、気まずそうに修一から目をそらし、階段のほうを振り向いた。さっきまでと同じようにワルぶったポーズをつけていても、親にはわかる、根っこのところで媚《こ》びて、もっと根っこを探ればおびえて、横顔がへへッと薄く笑う。

修一は自転車のハンドルを握りしめた。③がんばれ、と唇を結ぶ。

勇輝は、連中と二言三言、言葉をかわした。

「なんでだよお」連中の一人が、粘つくような声を張り上げた。

「いいじゃんよ、行こうぜ」

ごめんごめん、と片手拝みを返した勇輝は、修一のほうに駆け出しながら、顔だけ彼らに残して言った。

「悪い、オヤジと帰るから！」

初めて聞いた。

一瞬、④それが自分のことだとはわからなかった。

勇輝は修一のすぐそばまで来て、立ち止まった。うつむいて、ちらりと上目遣いで修一を見て、くすぐったそうにもぞもぞして、またうつむく。

修一は自転車を降りて、「帰ろう」と言った。

勇輝は黙ってうなずいた。

重松清「はずれくじ」より

---

ア　自分の知らないところで、夜遅くまで勉強している息子を、応援する気持ち。

イ　楽しそうに話していた女の子と、これからも仲良くしていけるように応援する気持ち。

ウ　手招かれた男の子のグループと、打ち解けられるように応援する気持ち。

エ　あまりまじめそうでないグループからの誘いを断れるよう応援する気持ち。

息子が、悪そうなグループからの誘いを断ることができるように、心の中で応援しています。

［エ］

(4)　——線部④「それ」とありますが、何を指していますか。次の文の□にあてはまる言葉を、本文中から抜き出しなさい。

・息子の言う「□」。

修一は、息子から「オヤジ」と呼ばれたことがなかったため、一瞬、自分のことだとわからなかったのです。

（オヤジ）

(5)　修一に言いたいことがあるようで、はっきりとは言えない勇輝の様子が表れている**一文**を本文中から抜き出し、**初めの五字**を書きなさい。

勇輝は、誘いを断って、父親の元に来ました。父親に何を言ったらいいのか、迷う気持ちが表れていますね。もし、父親にきかれたら、何と答えたらいいのか、不安に思う気持ちもあったでしょう。でも、父は何もきかないのです。

［う｜つ｜む｜い｜て］

本冊のページ 21

# 3 文学的文章②

## ～友情をテーマにした物語文～

■次の文章を読んで、あとの問題に答えなさい。

「※雑魚《ざこ》のやつらは、流れの早い瀬とゆっくりとした淀《よど》みの境い目あたりに集まってんだ。そこへ、入れれば寄ってくっぺ」

英雄《ひでお》は修《おさむ》に①講釈をしながら、塩辛が入ったカゴを流れに乗せるように水に入れた。修も昭《あきら》もカゴが茶褐色の川の波間に消えるのを睨《にら》んだ。カゴは狙い通り、淀みと急流との境い目付近に沈んだ。

修と昭も英雄が糸を垂れた付近に釣竿《つりざお》を垂らした。カゴの餌の臭いに引かれて寄ってくる魚たちを狙うのだ。修たちはぐっと水面を睨みながら待った。握った竿に微妙な震動が伝わってくる。神経を澄まして魚が針にかかるのを待ち受けた。

濁流の中を泳ぐ魚の様子を心の中で想像した。何十匹もの雑魚たちが餌の臭いに引き寄せられてくる。英雄は何度もポイントを変え、※魚信《あたり》が竿に伝わるのを待った。修も②固唾《かたず》を呑《の》んで竿を動かす。

「来た！」英雄が大声で叫んだ。

英雄は釣竿をぐいっと引いた。流れにカゴを乗せ、巧みに河岸へと寄せた。茶褐色の波間に魚の白い鱗《うろこ》がきらめいた。

(1) ――線部①「講釈」とありますが、これはどのような様子を表していますか。次から適切なものを一つ選び、記号で答えなさい。↓ポイント1

ア 英雄が修に質問をしている様子。
イ 英雄が修に説明をしている様子。
ウ 英雄が修に謝っている様子。

「講釈」とは、本来は「語句や文章の意味を説いて聞かせること」ですが、ここでは少し大げさに表現しています。

イ

(2) 英雄が修に、――線部①のようにしたのは、なぜだと思いますか。次から適切なものを一つ選び、記号で答えなさい。

英雄は修に、友だちとして釣りのコツを教えているのです。↓ポイント3

ア 英雄が修に釣ってほしいと思っているため。
イ 英雄が修よりも魚釣りが上手だと思わせるため。
ウ 英雄が修を従わせたいと思っているため。

ア

(3) ――線部②「固唾を呑んで」とありますが、このときの修の気持ちとして適切なものを、次から一つ選び、記号で答えなさい。↓ポイント2

ア 釣りに飽き始め、少しでも早く帰りたいという気持ち。
イ なかなか魚が釣れないことにいらだっている気持ち。
ウ 釣りがあまり上手でないことを恥ずかしく思う気持ち。
エ 魚がかかるのを待ち、今か今かとどきどきする気持ち。

「固唾」は、緊張したときに口の中にたまるつばのことですが、「固唾を呑む」で使われることが多い言葉です。

エ

本冊のページ 26

③修は自分の竿を河原に放り出して、英雄の釣り上げた魚に駆け寄った。英雄も竿を河原に置き、※道糸をたぐりながら、魚を浅瀬に引き寄せた。

「大物だあ」

※ヤマベが銀色の鱗をきらめかせて浅瀬を跳ね回っていた。修は河原の石と石の間に挟まったヤマベを両手で押さえた。ヤマベは手の内で暴れ回った。ぬるぬるとした感触は少し気持ち悪かったが、生きた命を掌《てのひら》の中にしっかりと捕える満足感があった。

森詠「少年記 オサム14歳」より

※・雑魚…いろいろな種類の小さな魚。
・魚信…釣りで、魚が餌に触れたり、食いついたりすること。
・道糸…釣竿の先から、釣り糸が付いている糸をつなぐ長い糸。
・ヤマベ…サケ科の魚。ヤマメのこと。

英雄が魚を釣り上げる場面が中心になっているよ。状況を確かめながら、修と英雄の心情をしっかり捉えよう。

(4) ——線部③「修は……駆け寄った。」とありますが、このときの修の気持ちとして適切なものを、次から一つ選び、記号で答えなさい。↓ポイント2

**ア** 英雄が叫ぶのを聞いても、本当に魚が釣れたのか、疑う気持ち。

**イ** 自分が先に釣りたかったのに、英雄に先を越されて悔しく思う気持ち。

**ウ** 英雄が釣った魚を早く見たいと、いても立ってもいられない気持ち。

**エ** 釣り上げられて、浅瀬で跳ね回っているヤマベを怖がっている気持ち。

ウ

英雄が魚を釣ったことを知って、いても立ってもいられなくなって、駆けつけています。自分の竿を放り出しているところからも、釣った魚を早く見たい気持ちが伝わってきますね。

(5) 英雄が釣り上げたヤマベに対する、修の感動した気持ちが表現されている部分を、本文中から**二十字**で抜き出しなさい。↓ポイント2

| | | | | | | | | | |
|---|---|---|---|---|---|---|---|---|---|
| 生 | き | た | 命 | を | 掌 | の | 中 | に | し |
| っ | か | り | と | 捕 | え | る | 満 | 足 | 感 |

■次の文章を読んで、あとの問題に答えなさい。

英雄《ひでお》は、※魚籠《びく》の蓋を開けた。修《おさむ》は掴《つか》まえたヤマベを魚籠の中に放った。魚籠の中に入れられたヤマベは大人しくなり、口をぱくぱくさせていた。ヤマベ特有の※斑紋が見えた。英雄は魚籠を浅瀬の水に浸け、石で周りを囲んだ。

修は自分の竿《さお》を拾い上げ、糸を引き上げた。釣針にはミミズがついていなかった。修はまた新しいミミズを缶から摘《つま》み、針に刺して吊《つる》した。英雄も①大急ぎで針に餌をつけ、カゴを流れに乗せて淀《よど》みに戻す。

「今度は、もっと大物を釣るぞ」

英雄は得意気に鼻を動かした。

「――釣れたッ」

今度は昭《あきら》が大声で叫び、竿を上げた。濁った水面から小ぶりだが元気のいい雑魚《ざこ》が糸に引かれて躍り出た。雑魚は宙に銀色のしずくを撒《ま》き散らした。昭は雑魚を手許《てもと》に引き寄せ、**A** した顔で魚を針からはずし、魚籠に入れた。

「ま、ちっこいけんど、釣れねえよりはよかんべ」

昭は嬉《うれ》しそうに歯を見せて笑った。

「②俺の方にも、魚、来ねえかな」

本冊のページ 28

(1) ――線部①「大急ぎで針に餌をつけ」とありますが、英雄が急いでいるのは、なぜですか。次から適切なものを一つ選び、記号で答えなさい。

ア 他の二人よりも先に釣りたいと思っているから。
イ 早く次の魚を釣りたいと思っているから。
ウ 修に釣り方を教えたいと思っているから。
エ もうすぐ帰らなくてはならなくなるから。

餌をすぐにつけなおして、次の魚を釣ろうとしています。

**イ**

(2) 本文中の **A** にあてはまる言葉として、適切なものを次から一つ選び、記号で答えなさい。

ア ほくほく
イ さばさば
ウ くよくよ
エ いらいら

「ほくほく」は「うれしくてたまらない様子」です。**A** の前後の「大声で叫び」「嬉しそうに歯を見せて笑った」などから、昭の喜ぶ様子を捉えましょう。

**ア**

(3) ――線部②「俺の方にも、魚、来ねえかな」とありますが、この時の修の気持ちに**あてはまらないもの**を、次から一つ選び、記号で答えなさい。「それでも修は満足だった。」とあります。釣れないからつまらないという気持ちはありません。

ア 自分も早く釣りたいという気持ち。
イ 釣れないからつまらないという気持ち。
ウ どうして魚信がないのかという気持ち。
エ ここにいるだけでうれしいという気持ち。

**イ**

修は濁流で渦巻く川の流れを睨《にら》んだ。魚が群れていそうな場所に餌を入れているのに竹竿にはぴくりとも、魚信《あたり》はなかった。

それでも修は満足だった。足許を勢いよく流れていく水面を見ていると、自分の軀《からだ》が上流に向かって動いているように見えてくる。※耳を聾《ろう》する川の音は船の舳先《へさき》が荒海の水面を分けて進む音だ。修の船はぐんぐんと速度を上げて突進する。

手にぴくっという魚信があった。③修は我に返った。竿の先が丸くしなっていた。ぴんと伸びた道糸が急流の方に入ろうとしていた。

「④オサム、引け」

英雄の声に、修は夢中で竿を上げた。瞬間、灰色の空に魚が舞った。銀白色をした腹が光った。赤味を帯びた斑紋が横腹に見える。

「マスでねえか？」

「いや、ちがう。ヤマベだ」

修は竿を立てた。道糸に吊された魚が修の手許に飛んで来た。修は大きなヤマベを手で掴まえた。

森詠「少年記 オサム14歳」より

※・魚籠…釣った魚を入れておく器。 ・斑紋…まだらの模様。
・耳を聾する…耳を聞こえなくするほどの。

---

(4) 本文中に、修が現実にはない想像の景色を見ている部分があります。その部分を、**ひと続きの二文**で抜き出し、**初めの五字**を書きなさい。

| 耳 | を | 聾 | す | る |
|---|---|---|---|---|

釣りをしながら川の水面を見つめているうちに、想像の景色を見るようになりました。魚が釣れなくても満足なのは、川のある自然の中に身をおいていたからかもしれません。

(5) ――線部③「修は我に返った。」について、次の問題に答えなさい。

❶ 「我に返る」とは、どういうことですか。次の文の□にあてはまる言葉をあとから選び、記号で答えなさい。

・魚が釣れないまま、□に見入っていた修が、ふと気がついたということ。

ア 灰色の空　イ 英雄が釣った魚
ウ 川の流れ

ウ

「我に返る」の意味は、「ふと気がつくこと」。修が何かに気を取られている場面を捉えましょう。

❷ 修が我に返ったのは、何が原因ですか。本文中から**漢字二字**で抜き出しなさい。

| 魚 | 信 |
|---|---|

修の竿に魚信があったので、修は、想像の世界から、現実に引き戻されました。

(6) ――線部④「オサム、引け」とありますが、修が竿を引き、どんな結果になりましたか。簡潔に書きなさい。

（ 例 大きなヤマベが釣れた。 ）

修もやっと釣ることができました。

本冊のページ 29

# 4 文学的文章③
## ～心の成長をテーマにした物語文～

ステップ2の解答

■次の文章を読んで、あとの問題に答えなさい。

「自分で飛び込む」

洪作《こうさく》は岡《おか》の手を払って立ち上がった。そしてもう一度下をのぞいた。海面まではさっきよりまた遠くなっている。①洪作は再び坐《すわ》り込んだ。岡が襲いかかって来た。もみ合っているうちに洪作は中腰になった。その洪作の背を岡の手が突いた。洪作の体は飛込台《とびこみだい》から離れた。

洪作は②自分の体が、雑巾でも落ちて行くように、ひどくみじめな固まりとなって落下して行くのを感じた。何か大きな叫び声を口から出したと思うが、あとは夢中だった。小さい三角波がぶさぶさとぶつかり合っている紺青《こんじょう》の海面が、あっという間に近付いたと思うと、洪作はその中に自分の体が突きささるのを感じた。

腹部に烈《はげ》しい痛みを覚えた。それと一緒に潮の中へ沈んで行ったが、すぐまたそこから弾き返された。ひょっこりと首が海面に出た。何も見えなかった。首を出した周囲は波ばかりだった。

うわあっ！　洪作は手をばたばたさせた。溺れると思った。が、すぐ本能的に足だけを動かす立ち泳ぎの姿勢をとった。

(1) ——線部①「洪作は再び坐り込んだ。」とありますが、なぜすわり込んだのですか。次から適切なものを一つ選び、記号で答えなさい。↓ポイント2

**ア** 洪作に岡が襲いかかってきたから。
**イ** 洪作には海面がさっきより近く感じられたから。
**ウ** 洪作は体の調子が悪かったから。
**エ** 洪作は海に飛び込む勇気がなかったから。

すぐ前に「海面まではさっきよりまた遠くなっている。」とあります。海面が本当に遠くなっているわけではありません。怖がっている洪作の気持ちがそう見せているのでしょう。

| |
|---|
| エ |

(2) ——線部②「自分の体」とありますが、海に落下していく洪作自身の体のことを、比喩的に表現している部分が、二つあります。それぞれ**二字・十字**で抜き出しなさい。↓ポイント1

「自分で飛び込む」と言っておきながら、怖くて飛び込めず、結局突き落とされてしまう意気地のない自分を、情けなく思う気持ちが表れた表現ですね。

| | |
|---|---|
| 雑巾 | ひどくみじめな固まり |

(3) ——線部③「やれ、やれと思った。」とありますが、このときの洪作の気持ちとして、適切なものを次から一つ選び、記号で答えなさい。↓ポイント3

**ア** 洪作は、海に対して恐怖を覚えていたが、海の中に飛び込んでみると、海を愛する気持ちに変化した。

本冊のページ 34

体は浮いていた。首を海面に出したひどく頼りない格好だが、体が浮いていることだけは確かだった。飛込台から飛び込んだ筈《はず》なのに、その飛込台はどこにも見えなかった。すると、自分を海の中へ突き落した岡の顔が、一メートルとは離れていないすぐ近くの潮の中から浮かび上がって来た。

　岡は口から海水を吐き出してから、

「岸まで泳いで行け。俺がついて行ってやる」

「俺、だめだ。――飛込台まで連れてって、溺れる」

　洪作は必死だった。本当に溺れそうだった。

「ばか、櫓《やぐら》はおめえのうしろにあらあ」

　その言葉で、洪作は夢中で体の向きを変えた。なるほど飛込台は一メートルと隔たっていないところにあった。洪作は、いきなり、その脚の一本に摑《つか》まった。③やれ、やれと思った。ここに摑まっている限りは、深い海底へ落ち込んで行く心配はなかった。

　飛込台の裾《すそ》にかじりついてから、④恐怖感が改めて洪作をわし摑みにした。

「おい、泳いで行こう」

　岡は言った。冗談ではないと思った。

井上靖「夏草冬濤」より

---

**イ**　洪作は泳ぎに自信がなかったが、飛込台から飛び込めたので、自信に満ちた気持ちに変化した。

**ウ**　洪作は溺れると思っていたが、飛込台の脚につかまることができてほっとした気持ちに変化した。

**エ**　洪作は溺れることを恐れていたが、岸まで泳いで行こうと自分を励ます気持ちに変化した。

本文の場面では、洪作の気持ちがめまぐるしく変化しています。ここは溺れる恐怖から、ほっとした気持ちへの変化です。

ウ

(4)　――線部④「恐怖感が改めて洪作をわし摑みにした」とありますが、このとき洪作が恐怖を感じた理由として、適切なものを次から一つ選び、記号で答えなさい。→ポイント3

**ア**　自分が、深い海底に落ち込んで行く姿を想像してしまったから。

**イ**　自分で岸まで泳いで帰らなければならないことを思い出したから。

**ウ**　岡にまた飛込台から突き落とされるのではないかと考えてしまったから。

**エ**　泳げない洪作は、ここから移動するには岡に頼るしかないから。

「わし摑みにした」という表現は、主語が「恐怖感が」なので、人の動作のようにたとえているといえます。こういう表現方法を擬人法といいます。

イ

本冊のページ 35

# 4 文学的文章③

## ～心の成長をテーマにした物語文～

ステップ3の解答

■次の文章を読んで、あとの問題に答えなさい。

「四メートルや五メートル泳げれば、あとは幾らでも泳げるよ。泳げると思って泳げば泳げる。泳げないと思ったら、すぐだめになる。飛び込みだって同じだ。怖いと思ったら飛び込めやあしない。——それにしても、災難だったな」

金枝《かなえ》は笑った。

「①飛び込みはさっきやった」

洪作《こうさく》が言うと、

「どこで？」

「ここで」

「じゃ、泳げるじゃないか」

「泳げないが、突き落とされて、飛び込んだんだ」

「そして、どうした？」

「浮き上がって来たんで、すぐ櫓《やぐら》の足につかまった」

「ふーむ」

金枝は感心したように頷《うなず》いた。そこへ、さっきの②二人の少年が上がって来て、色のまっ黒な、見るからに敏捷《びんしょう》そうな小柄な少年が言った。

「夕暮モ迫ッテマイリマシタレバ、ソロソロ帰参イタストシ

---

(1) ——線部①「飛び込みはさっきやった」とありますが、洪作は、飛び込みがどんな様子だったと言っていますか。次から適切なものを一つ選び、記号で答えなさい。

ア 難なく飛び込み、立派に泳いだ。
イ 自分から進んで飛び込んだ。
ウ 浮き上がって来られず溺れた。
エ 浮き上がって、すぐ櫓の足につかまった。

エ

洪作は、飛び込みのことを金枝に話しています。そこから読み取ります。自分がひどいめにあったことを誰かに聞いてもらいたいのかもしれません。

(2) ——線部②「二人の少年」とありますが、この少年たちのことを次のようにまとめました。次の文の□にあてはまる言葉を、字数に合わせて本文中から抜き出しなさい。

・一人は色の 1 (三字)な、見るからに敏捷そうな 2 (二字)な少年で、もう一人は 3 (四字)した体つきで、何となく不敵なものを顔に浮かべている少年。

1 まっ黒
2 小柄
3 ずんぐり

登場人物の描写についてしっかりまとめておきましょう。

(3) ——線部③「デハ、若君ヲソロソロ、ボートニオ移シ申ソウカ」について、次の問題に答えなさい。

本冊のページ 36

「テハ、イカガデゴザル」

　すると、他の一人の、ずんぐりした体つきの、何となく不敵なものを顔に浮かべている少年が言った。

「③デハ、若君ヲソロソロ、ボートニオ移シ申ソウカ」

　それから、洪作に、

「漕《こ》げるか」

「うん」

「それなら、お前、漕いで行け。俺たちは泳いで行く」

　寒いのか、ぶるぶると顔をふるわせていたが、やがて、ずんぐりした方は、ひとつ跳躍すると、いきなり頭を下にして、海面へ突きささって行った。

　続いてもう一人の小柄な少年が飛込台《とびこみだい》を離れた。この方は、途中で体を一回転させて、その上で頭から潮の中へはいって行った。

「ボートへ乗って帰れよ」

　金枝は洪作に言うと、彼もまた飛込台の上で二、三回跳躍し、それからこれもまたみごとなフォームで宙に体を浮かした。

　洪作は④三人の少年たちの海を何とも思っていない動作が、眩《まぶ》しく感じられた。きらきらしたものが飛込台の上にやって来ては、⑤あっという間にそこから居なくなっている。

井上靖「夏草冬濤」より

---

❶「若君」とは誰のことですか。本文中から**漢字二字**で抜き出しなさい。

洪作

❷ なぜ、漢字と片仮名で書かれているのですか。次から適切なものを一つ選び、記号で答えなさい。

ア　普段とは違う口調で話していることを表すため。
イ　話し手の少年が、変わった性格であることを表すため。
ウ　話す相手に敬意をもっていることを表すため。

ア

時代劇のような言葉遣いや、必要以上の敬語を使っていて、ふざけて話していることがわかりますね。

(4) ——線部④「三人の少年たちの海を何とも思っていない動作」とありますが、この三人の少年のことを比喩的に表現している言葉を、本文中から**八字**で抜き出しなさい。

きらきらしたもの

「眩しく」という表現が「きらきらしたもの」につながっています。

(5) ——線部⑤「あっという間にそこから居なくなっている」とありますが、誰のどのような様子を表していますか。次の文の□にあてはまる言葉を簡潔に書きなさい。

・三人の少年たちが、飛込台の上にやってきては、次々と□様子。

（例 **海に飛び込んでいる**）

そこから居なくなる、つまり、海に飛び込んでいるということです。ためらうことなく飛び込んでいる様子が表れていますね。

本冊のページ 37

# 5 説明的文章①

## ～日本語をテーマにした論説文～

■次の文章を読んで、あとの問題に答えなさい。

[A] ①母語というのは、ある個体の脳が、人生の最初に獲得する言語のことである。脳の基本機能と密接に関わっているので、後に獲得する②二つ目以降の言語とは、性格を大きく異にする。

[B] 「朝よ、おはよう」

③母親がそう言って、赤ちゃんを抱き上げるシーンを想像してほしい。

アサという発音体感には、爽やかな開放感がある。オハヨウは、実際には「ォッハヨォ」と、二拍目のハを中心にして発音される語で、弾むような開放感をもっている。したがって、「朝よ、おはよう」と声をかけた母親は、無意識のうちに自分の発音体感によって、爽やかな、弾むような開放感を味わっているのだ。

さて、注目すべきは、赤ちゃんの脳である。赤ちゃんには、目の前の人間の※口腔《こうこう(くう)》周辺の動きを自らのそれのように感じとる能力がある。このため、母親が無意識に感じている、爽やかな、弾むような開放感に赤ちゃんは共鳴して、一緒に

---

(1) ――線部①「母語」とありますが、母語とはどのような言語ですか。次から適切なものを一つ選び、記号で答えなさい。↓ポイント1

ア 爽やかで弾むような開放感をもつ言語。
イ 人生で最初に獲得する言語。
ウ 二番目以降に獲得する言語。
エ 母親以外から無意識のうちに学ぶ言語。

すぐあとの部分で説明されています。選択肢と照らし合わせてみましょう。

**イ**

(2) ――線部②「二つ目以降の言語」とありますが、これを別の言葉に言い換えている部分を、本文中から**八字**で抜き出しなさい。↓ポイント1

| 後 | に | 習 | っ | た | 外 | 国 | 語 |
|---|---|---|---|---|---|---|---|

(3) [A]段落と、[B]以降の段落について、それぞれの役割の説明として、適切なものを一つ選び、記号で答えなさい。↓ポイント3

ア [A]段落で母語についての要点をまとめ、[B]以降の段落で具体例を交えて説明している。
イ [A]段落で体験に基づく具体例を示し、[B]以降の段落では主張を展開している。
ウ [A]段落も、[B]以降の段落も、ともに具体例のみを示している。

**ア**

本冊のページ 42

味わっているのである。

アサ、オハヨウということばは、これとともにある情景、すなわち、透明な朝の光や、肌に触れる爽やかな空気や、抱き上げてくれた母親の弾むような気分とともに、脳の中に※感性情報として※インプットされていくのである。

長じて、「英語で、朝のことをmorningといいます。おはようは、Good morningです」と習ったときには、なるほどと思うだけだ。

こうして、人生の最初に出会ったことばと、後に習った外国語とでは、脳内でことばに関連づけられた感性情報の量が圧倒的に違う。

だから、日本人の私たちは、仕事仲間に「おはよう」と声をかけられれば、ぱっと目が覚めるのである。※累々と重ねてきた朝の記憶が呼び起こされ、いやおうなく始まりの気持ちにさせられる。これが④「Good morning」では、気持ちの真芯に届かず、いま一歩、※ボルテージが上がらない。

黒川伊保子「日本語はなぜ美しいのか」より

※・口腔…口のこと。　・感性…物事を深く感じる働き。
・インプット…入力すること。記憶すること。
・累々と…積み重なった様子。　・ボルテージ…意気込み

---

(4) ――線部③「母親がそう言って、赤ちゃんを抱き上げるシーン」とありますが、この時の赤ちゃんの脳にどのようなことが起こっているかを、次のように要約しました。□にあてはまる言葉をあとから一つずつ選び、記号で答えなさい。→ポイント2

赤ちゃんの脳は、母親が[1]から無意識に味わう開放感と共鳴する。その時、「アサ、オハヨウ」ということばと[2]が[3]として、脳にインプットされていく。

ア 感性情報　イ 情景
ウ 発音体感　エ 母国語

説明された文が、本文中のどこの段落を要約したものなのか、確認しましょう。

1 ウ　2 イ　3 ア

(5) ――線部④「『Good morning』では、気持ちの真芯に届かず、いま一歩、ボルテージが上がらない」とありますが、それはなぜだといっていますか。次から適切なものを一つ選び、記号で答えなさい。→ポイント1

ア 人生の最初に出会ったことばだから。
イ 母親の味わった感覚に共鳴した言語だから。
ウ 母語とは違う、二つ目以降の言語だから。

「Good morning」とは逆の例として挙げられているのが、「おはよう」ですね。「おはよう」は母語の例でもあります。

ウ

本冊のページ 43

■次の文章を読んで、あとの問題に答えなさい。

語感だけでいっても、「Good morning」は「おはよう」に比べると、暗く物憂《う》げなのは事実だ。英語圏の人たちの朝は、日本人の朝より、少し静かに始まるようである。考えてみれば、このことばを生んだ英国は日本よりずっと緯度が高いので、日本のように、年中、朝の光が眩《まぶ》しいわけではない。冬などは、子どもたちの登校時間になってもまだ暗い。

実は、①ことばは、このように風土とも無関係じゃないのである。眩しい朝を迎えることの多い日本人は、②朝にアサASaということばを与えた。喉も口も開けるAに、舌の上に息をすべらせて口元に風を作るSの組合せ。まさに、爽やかな開放感のことばである。オハヨウも、ハの開放感が目立つ、弾むような挨拶語である。

黎明《れいめい》の中や、穏やかな陽光の中で一日を始める緯度の高い英国に住む人たちは、くぐもった発音の「Good morning」で挨拶をし合う。いたわり合いつつ、徐々に活動を開始するイメージだ。

もちろん、「Good morning」は、その組成から、語感ではなく、意味から創生されたことばであることは明確である。

(1) ――線部①「ことばは、このように風土とも無関係じゃない」とありますが、ことばが風土と無関係ではない、というのはどういうことだといっていますか。次の文の□にあてはまる言葉を本文中から抜き出しなさい。

英国は[1]が高く、年中朝の光が眩しいわけではないので、[2]な語感の「Good morning」ということばを生んだということ。

「このように」が指す、前の段落の内容をまとめたものがこの文です。

1（緯度）

2（暗く物憂げ）

(2) ――線部②「朝にアサASaということばを与えた」とありますが、日本人が、そのようにした理由として、筆者の考えに合うものを一つ選び、記号で答えなさい。

**ア** 日本人の発音の仕方に、喉も口も開けるAのことばが合っているから。

**イ** 日本人の感覚では、朝は弾むような挨拶のことばだけが合っているから。

**ウ** 日本の穏やかな朝の陽光には、いたわり合うようなアサということばが合うから。

**エ** 日本で迎える眩しい朝には、爽やかな解放感のあることばが合うから。

風土とことばの関わりについての内容が、前から続いていることを確認しましょう。前の段落では英国の話題でしたが、ここでは日本について述べています。

エ

本冊のページ 44

しかし、長きにわたって英国人が、このことばを朝の挨拶語に使ってきたことには深い意味がある。英国の人々は無意識に、「Good morning」の、鼻腔《びこう》に響く、くぐもった優しさが英国の朝に似合うと判断したのであろう。

意識は語感を選び、また、語感は意識を作る。何代にもわたって使ううちに、「Good morning」で挨拶を交わし合う人たちの朝は、「オハヨウ」と挨拶する人たちの朝より、ゆっくり始動する、優しいものになっていく。そうすると、ますます、朝の情景と「Good morning」の発音体感が似合ってくるのである。

「朝」と「morning」、「おはよう」と「Good morning」。どちらも、それぞれの国の朝に似合うことばであり、それぞれの人たちが心地よいと感じながら発音している。どちらが良いかは、一概に言うことはできない。

しかし、鮮烈な朝日で迎える日本の朝には、日本語のアサ、オハヨウがよく似合う。日本に生まれ、日本の朝日の中で「アサヨ、オハヨウ」と言われて抱き上げられる赤ちゃんの脳には、素直に、ことばと情景の感性リンク※が成立する。

黒川伊保子「日本語はなぜ美しいのか」より

※リンク…つながり。

(3) 次の文章は、日本の人々にとっての風土とことばについて筆者の考えをまとめたものです。1～3にあてはまる言葉を本文中から、**指定された字数**で抜き出しなさい。

日本で生まれた赤ちゃんの脳には、日本の朝の1（二字）と、「朝」「おはよう」という2（三字）との間に感性リンクが成立している。3（二字）と2は無関係ではない。

1 情景

2 ことば

3 風土

筆者は、風土とことばが無関係ではないといっています。日本の朝の情景は、日本の風土に大きく関わっているのです。

(4) 次の中で、本文の内容にあてはまるものには○、あてはまらないものには×を書きなさい。

（×）「Good morning」は、語感からつくられたことばである。

（×）母国語とは無意識に話すことばである。

（○）日本の朝には、日本語のアサ、オハヨウがよく似合う。

「Good morning」は、語感ではなく、意味からつくられたことばであるといっています。

本冊のページ 45

# 6 説明的文章②
## ～環境問題をテーマにした論説文～

ステップ2の解答

本冊のページ 50

■次の文章を読んで、あとの問題に答えなさい。

地球の温暖化という話を聞いたことがあるでしょう。はきだされた二酸化炭素は空気のなかでは重いガスですから、地球をかけ布団《ぶとん》のようにおおってしまいます。①この眼《め》に見えない透明なかけ布団が、温室のガラスの役目をして、太陽から来た熱を閉じこめてしまうので地球の温度が上がるのではないかといわれているのです。②このため、地球温暖化は英語では温室効果といわれているのです。

こうして地球の温度が上がれば世界の気候が変わるばかりではなくて、氷河が溶けて海の水が増え、海面が上がって海ぎわの大都会が水没するのではないかともいわれています。前に書いたように、金星の温度が上がってしまったのは二酸化炭素の布団のせいです。私たちが二酸化炭素をさらに出しつづけるとすれば、やがて地球が金星のようにならないともかぎりません。

人類が文化を楽しむためにでてくる副産物は、二酸化炭素だけではありません。エネルギーを使うとかならず出てくる熱の問題もあります。また世界の原子力発電所から出るゴミも、年々増えつづけています。これから何十万年にもわたって放射線や熱を出しつづけるこのゴミをどうするのか、これも大きな問題です。

③フロンガスの話を聞いたことがあるでしょう。工場や、また家庭でも冷房や冷蔵庫や自動車やスプレーに使われているフロンが、

---

(1) ——線部①「この眼に見えない透明なかけ布団」とは、何を指していますか。本文中から抜き出しなさい。↓ポイント2

（ 二酸化炭素 ）

(2) ——線部②「この」は、何を指していますか。次から適切なものを一つ選び、記号で答えなさい。↓ポイント2

ア 二酸化炭素が増えると、地球の気温が上がってしまうということ。
イ 二酸化炭素が、空気の中では重いガスなので、地球をおおってしまうこと。
ウ 二酸化炭素が、まるで温室のガラスのように太陽の熱を閉じこめてしまうこと。

地球温暖化のことを、英語で「温室効果」という理由が、——線部②より前に書かれています。

［ウ］

(3) ——線部③「フロンガスの話を聞いたことがあるでしょう。」とありますが、この文から始まる段落には、**事実**・**筆者の主張**のどちらが書かれていますか。↓ポイント3

（ 事実 ）

(4) ——線部④「そして」は接続語ですが、前後のどのような関係を示していますか。次から適切なものを一つ選び、記号で答えなさい。↓ポイント1

「そして」は「添加」の接続語。

ア 前と後ろを並べる　イ 前に後ろを加える
ウ 前と後ろがくいちがう

［イ］

使われたあとに空気のなかを上がっていって、地球をとり巻いているオゾン層を破壊するという問題です。じつはフロンは大発明でした。工場で半導体をきれいにするためや冷房機の冷媒としては、フロンほど性能がよくて安いものはなかったのです。さわっても吸いこんでも身体に大きな悪影響があるわけではなかったので、人体に無害だとさえいわれた新製品だったのです。

以前はよく使われたのに、騒がれて使用禁止になったＰＣＢという絶縁油も同じでした。電気の変圧器に入れる電気絶縁のための油としては、ＰＣＢほど安くて性能がよい製品はなかったのです。人体にふれたときだけが猛毒だったのです。④そして、すでにつくられてしまったＰＣＢは、いまでは環境汚染を引き起こしています。

ここにはむずかしい問題があります。いままでよりさらに文化的な生活をいとなむために人類はこうして資源を使い、副産物やゴミを出しながらつぎつぎに新製品をつくって利用してきました。自分たちの都合だけで、いわば狭い意味の文化を追いもとめてきたのです。⑤このときに科学や技術は、※錦《にしき》の御旗《みはた》でした。［1］科学や技術は無条件で正しいものだったのです。

［2］、地球全体とか地球の将来についても考えなければならない時代がきたのではないか、それを考えることが、いわばひろい意味での文化なのではないだろうか、ということなのです。

島村英紀「地球がわかる50話」より

※錦の御旗…行為や主張を正しいことと認めさせるもの。

---

(5) ――線部⑤「このとき」とは、いつを指しますか。次から適切なものを一つ選び、記号で答えなさい。↓ポイント2

ア 今以上の文化的生活を追い求めるとき。
イ 利益を求めて新製品を開発するとき。
ウ 適度に資源を使い、ゴミを減らすとき。
エ 科学や技術が絶対的に正しいと信じるとき。

［ア］

――線部⑤を含む段落に注目しましょう。「錦の御旗」と「科学や技術は無条件で正しい」は同じことを指しているので、エは正解ではありません。

(6) ［1］・［2］にあてはまる言葉をそれぞれ次から選び、記号で答えなさい。↓ポイント1

ア しかし　イ つまり
ウ そして　エ ところで

1［イ］　2［ア］

1は科学や技術が「錦の御旗」であったことの意味を、後で補足説明しています。

(7) この文章で、筆者はどのようなことを主張していますか。本文中から**七十字**で抜き出し、**初めと終わりの五字**を書きなさい。↓ポイント3

初め［地球全体と］
終わり［いだろうか］

筆者の主張は、文章の最後の部分に書かれていることが多いので、そこに注目しましょう。

本冊のページ 51

# 6 説明的文章②
## ～環境問題をテーマにした論説文～

ステップ3の解答

■次の文章を読んで、あとの問題に答えなさい。

水星、金星、火星、木星、土星、天王星、海王星、冥王星。※太陽系には太陽を中心にしてまわっているいくつもの惑星があります。これらの惑星は地球と同じころ、地球と同じようにしてつくられた地球と兄弟分の星だと考えられています。

［1］これらの惑星のうちで、地球のように植物が茂り、動物や昆虫が生きている星は一つもありません。つまり地球だけがこれらの生物や私たち人間が生きられる環境をもっているのです。もともとは同じ材料から同じ時期につくられた兄弟の星なのに、ではなにがちがって、こんなにちがった現在の姿になってしまったのでしょう。

①こういったことを研究する学問は、これから盛んになるきざしがありますが、まだ新しい学問ですから研究している学者も限られていますし、学問としての正式な名前もまだありません。［2］、地球を研究する学問としては、地球物理学とか地質学という学問が古くからありますし、星や宇宙のことを研究する学問としては天文学があります。惑星のことや、惑星と地球とのかかわりを研究する学問は、いわば②これらの学問の「学際領域※」の学問なのです。

---

(1) ［1］～［3］にあてはまる言葉を次から選び、記号で答えなさい。

ア そのうえ　イ たとえば　ウ つまり　エ しかし　オ さて

1 エ　2 イ　3 ア

1を含む文の文末に「～一つもありません。」とあり、1の前の部分とは、くいちがう内容になっていることに注目しましょう。

(2) ――線部①「こういったこと」とありますが、何を指していますか。これよりもあとの部分から言い換えた言葉を探し、二十字以内で抜き出しなさい。

惑星のことや、惑星と地球とのかかわり

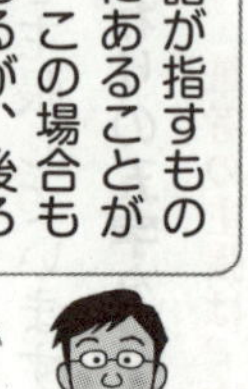
指示語が指すものは前にあることが多い。この場合も前にあるが、後ろで言い換えている部分があるんだ。わかるかな。

(3) ――線部②「これらの学問」とは何を指していますか。本文中から三つ、それぞれの字数に合わせて抜き出しなさい。

地球物理学（五字）

地質学（天文学）（三字）

天文学（地質学）（三字）

「これら」は直前の内容を指しています。文字数もヒントになります。――線①と――線②の「これら」は違うものを指しています。

本冊のページ 52

「ここ何年かで、日本の大学でも、昔からあった③地球物理学教室とか地質学教室とかの看板を、地球惑星物理学とか地球・惑星科学とかの看板に書きかえる動きが盛んになっています。たとえば私がつとめていた北海道大学でも、大学院の名前が変わって、一九九四年から地球物理学教室と地質学鉱物学教室とがあわさって地球惑星科学専攻という新しい名前になりました。

月や惑星は地球からもっとも近い星ですから、光や電波を使う望遠鏡など天文学的な観測をしたり、またロケットで探査機を送りこんだりすることで、ほかの星よりはいろいろなことがわかってきています。

地球のすぐ内側を回っている惑星である金星は、年中厚い雲におおわれて地表は見えません。そして探査機の調査によれば、金星の地表ではなんと四六〇度もの灼熱《しゃくねつ》地獄だということがわかりました。また金星の空気はほとんどが二酸化炭素で、気圧も地表で地球の九〇倍の九〇気圧もあります。酸素は一〇〇分の一パーセントもありません。[ 3 ]、金星を厚くおおっている雲は硫酸の蒸気の雲なのです。④これではとても生物が住める環境ではありません。

島村英紀「地球がわかる50話」より

※冥王星…現在では、冥王星は惑星からはずされている。
※学際…研究の対象などが、いくつかの分野にまたがっていること。

---

(4) ――線部③「地球物理学教室とか……看板に書きかえる」とありますが、これはどのようなことを表していますか。次から適切なものを一つ選び、記号で答えなさい。

ア いくつかの分野にまたがった、新しい研究を行うのにふさわしい名前に変えるということ。
イ 地球よりも、ほかの惑星についての研究の重要性が高まってきたということ。
ウ 惑星についての研究をしていることを、いっそうアピールしなくてはならないということ。
エ 地球と惑星のかかわりを研究するためには、さまざまな研究機関の統合が必要だったということ。

看板を書きかえるというのは、この場合は名前をかえるということです。

[ ア ]

(5) ――線部④「これではとても生物が住める環境ではありません。」とありますが、金星に生物がすめないとわかったのは、何の結果ですか。本文中から、**六字**で抜き出しなさい。

[ 探 | 査 | 機 | の | 調 | 査 ]

本冊のページ 53

■次の文章を読んで、あとの問題に答えなさい。

伝統的な生活をする※マサイの人々は、①野菜や穀物をいっさい口にしない。土から生えてくるものは不浄だとする教えがあるからだ。食べるのは肉、乳、血だけである。それでも脚気《かっけ》や壊血症のようなビタミン欠乏症にならないのは、牛が草を食べてとったビタミンを生き血から摂取しているためだった。

細菌の恐れがある牛の血など飲まず、②新鮮な野菜を食べればいいではないか。穀物や野菜は不浄だなどという不合理な考えは捨てて……。そこまで考えて③ハッとした。

マサイが住むサバンナでは、雨が年間に三百ミリ程度しか降らない。平均千八百ミリといわれる日本の六分の一以下だ。そんな土地で農耕に依存する生活を始めたら最後、たちまち※干ばつに悩まされることになる。民族の※存亡にも関わる問題だ。そのため彼らは、「土から生えるものは不浄だ」という教えで農業を遠ざけ、遊牧の生活に※依拠しているのではないか――。

牛の生き血を飲むのは、野蛮で未開だからではない。そうしなければ生きていけない環境に住む人々の、生活の知恵だ

(1) ――線部①「野菜や穀物」を言い換えた言葉として、適切なものを次から一つ選び、記号で答えなさい。↓ポイント3

ア ビタミン
イ 肉、乳、血
ウ 土から生えてくるもの

マサイの人々が「野菜や穀物」を口にしないのは、「土から生えているもの」を不浄とする教えがあるからです。

**ウ**

(2) ――線部②「新鮮な野菜を食べればいいではないか」とありますが、筆者がこう考えたのは、マサイの生活と何を比べたからだと思われますか。簡潔に書きなさい。↓ポイント1

（**例** **日本などの雨の多い地域の生活。**）

野菜を食べるのが普通である、日本人の発想と言えるかもしれません。

(3) ――線部③「ハッとした」とありますが、その理由は何ですか。次から適切なものを一つ選び、記号で答えなさい。↓ポイント2

ア 細菌を、頭から悪いものと思い込んでいたことに気付いたから。
イ ビタミンは野菜からしか取れないと思っていたことに気付いたから。
ウ 日本人にとって不合理な考えでも、マサイの人々にとって心のよりどころになっているから。
エ サバンナは、野菜をたくさん育てられる環境ではないことに気付いたから。

土から生えているものを不浄とする教えは、人々が農耕に頼らないようにするためだったのです。

**エ**

本冊のページ 58

った。

牛の血だけではない。アフリカ南西部のガボンでは、知らずにサルを食べてしまったことがある。食事がすんでから、シチューの中身がサルの肉だったことを教えられた。

なぜガボンの人々はサルなど食べるのだろう。

④サバンナと逆に、ガボンは熱帯雨林帯にあり、年間降雨量が五千ミリに達する。ちょっと奥地に入ると巨大な樹木がびっしり密生しており、農業をしたり、牛や羊を飼うような開けた土地を確保するのはむずかしい。

人々は生きていくため、密林の中でたんぱく質を手に入れなければならない。密林のたんぱく質――それがサルだったのだ。

松本仁一「異文化の根っこ」より

※・マサイ…アフリカ大陸のケニア、タンザニアに住むマサイ族。
・干ばつ…日照り。
・存亡…生き残るか、死ぬか。
・依拠…もととすること。

---

(4) ――線部④「サバンナと逆に」とありますが、何がサバンナと逆なのかを次の文にまとめました。[ ]にあてはまる言葉を、**五字以内**で本文中から抜き出しなさい。→ポイント1

年間降雨量が、サバンナでは[1]程度なのに対して、ガボンでは[2]に達するということ。

サバンナでは、雨が少ないために農耕を行うことができません。その一方でガボンでは、雨が多すぎて農耕や牧畜ができないのです。

1 三百ミリ

2 五千ミリ

(5) ガボンの人々がサルを食べるのは、なぜだといっていますか。次から適切なものを一つ選び、記号で答えなさい。→ポイント2

**ア** 熱帯の密林では、田畑をつくったり、牛や羊などを飼うことが難しいので、別のたんぱく源が必要だから。

**イ** マサイの人々と同じように、昔からの生活の教えを守ってきたので、サルを食べることに抵抗がないから。

**ウ** ガボンでは、雨が多すぎて、乾いた土地を開拓することが困難であるため、野生動物が大切な食料になるから。

**エ** ガボンの人々は、密林を利用してサルを食用に飼っており、言わば家畜のような位置づけだから。

密林では、農耕や牧畜ができないので、たんぱく質をとるためには、サルを食べることが必要なのです。

ア

本冊のページ…59

# 7 説明的文章③
## ～異文化をテーマにした論説文～

ステップ3の解答

■次の文章を読んで、あとの問題に答えなさい。

アフリカには「食べない文化」もある。※イスラム圏の豚肉だ。

支局の助手君に、①なぜ豚肉を食べないのか聞いてみた。

「※コーランにそう書いてあるからです」

しかし君はビールを飲むし、エビやイカを食べている。コーランはそれも禁じているではないか。

「豚肉は特別です。腐りやすいし、汚い物を食べて育つから不潔なのです」

今は冷蔵庫があるから腐る心配は無用だ。それに養豚技術が進んで衛生的な飼育をしている。安心して食べていい。

「……でも、食べたくありません」

どうして？

「もう、放《ほ》っといてください！　あなたが猫を食べたくないように、私は豚を食べたくないのです！」

答えにはなっていないが、豚肉への※タブー感が格別に強いことは分かった。

ユダヤ教も豚肉を食べないのは同じだ。ある日、ユダヤ人の知人から「※反芻《はんすう》しない動物は食べられないことになって

(1)　——線部①「なぜ豚肉を食べないのか」とありますが、筆者がイスラム圏の人にこの質問をしたとき、どんなことがわかりましたか。次から適切なものを一つ選び、記号で答えなさい。

ア　イスラム教が禁じるものは、何一つ食べないということ。

イ　豚肉は、食べる人も食べない人もいるということ。

ウ　豚肉は食べたくないという思いが特に強いということ。

エ　豚肉を安心して食べられることを信じないということ。

「タブー感が格別に強いことは分かった」とあります。ビールを飲み、エビやイカを食べているので、アは違いますね。

［ウ］

(2)　——線部②「合点がいった」とありますが、本文中ではどういう意味で使われていますか。［　］にあてはまる言葉を答えなさい。

「合点がいく」は、他人の言い分などを理解し、納得すること。

イスラム教やユダヤ教が、豚肉を［　］を禁じる理由がわかったということ。

（食べること）

(3)　——線部③「競合する」とありますが、本文中から競合するものとしないものを探し、簡潔に書きなさい。

・競合するもの

（例（食物をめぐる）人間と豚。）

人間と豚が、食物において「競合する」ということは、人間と豚が同じものを食べて、食物を取り合うということです。



本冊のページ 60

いる」と聞いて②合点がいった。

牛や羊、ヤギ、ラクダなどの反芻する動物は、草を食べて消化する能力がある。人間は草を消化できないから食べない。したがって、牛と人間が食物をめぐって③競合することはない。しかし反芻しない豚は草を食べることができず、穀物を食べる。したがって人間と競合する。

ユダヤ教やイスラム教が生まれた土地は砂漠の荒れ地だ。苦労してつくったわずかな穀物を、豚に取られてはたまらない。

豚肉は、牛肉や羊肉にくらべてくさみがなく、やわらかい。権力者や金持ちは、庶民から穀物を奪ってでも豚を育てようとするかもしれない。それを防ぐために「豚を食べてはいけない」と教えたのではないか――。

食文化というのは、暑さ寒さや雨の量、地形風土、その他もろもろの環境の影響を受けながら、長年かかってその地域で形成されてきたものだ。未開とか野蛮とかいうレベルの問題ではないのである。

松本仁一「異文化の根っこ」より

※・イスラム圏…イスラム教を信じる人々が多くを占める地域。
・コーラン…イスラム教の聖典。・タブー…禁止された言動や物事。
・反芻…牛などが、一度飲み込んだ食べ物を、口に戻してゆっくりかみ直すこと。

---

・競合しないもの

（**例**（食物をめぐる）人間と牛。）

(4) 筆者は、イスラム教やユダヤ教で豚肉を食べることを禁じている理由を、どのように考えましたか。［　］にあてはまる共通の言葉を答えなさい。

**牛**＝反芻する動物
**草**を食べる ← **人間とは食べるものが違う**

**豚**＝反芻しない動物
**草**は食べない・［　］を食べる ← **人間と食べるものが同じ** ← 貴重な［　］を豚に与えないため、豚を食べることを禁じたのではないか。

**穀物**

（豚を食べてよいことにすると、豚のための穀物が必要になります。そのために人間が犠牲になることを避けようとした教えなのかもしれません。）

(5) 筆者は、食文化はどのようなものだと考えていますか。本文中の言葉を使って答えなさい。

（**例**さまざまな環境の影響を受けながら、長年かかってその地域で形成されたもの。）

いろいろなことが食文化に影響を与えています。だから、未開だとか、野蛮だとか、そんなレベルの問題ではない、と筆者はいっているのです。

本冊のページ…61

■次の古文を読んで、あとの問いに答えなさい。

ある時、鳥、けだものとすでに戦ひにおよぶ。鳥のいはく、軍《いくさ》に負けて今はかうよ（もう、これまで）と見えける時、aかうもり畜類にbこしらへ返《かへ》る（寝返る）。鳥ども愁《うれ》へていはく、「かれらがごときのものさへ①けだものに降《くだ》りぬ。今はせんかたなし（なすすべがない）」と悲しむところに、②鷲《わし》申しけるは、「なに事をなげくぞ。われこの陣《ぢん》（陣＝陣）にあらんほどは頼もしく思へ」と諫《いさ》めて、またけだものの陣に押し寄せ、このたびは鳥の軍よかんめれ（よかったのであろう）、たがひに和睦《くはぼく》してんげり。その時、鳥ども申しけるは、さてもかうもりは二心《ふたごころ》（反逆の心）ありける事、いかなる罪科《ざいくわ》をかあたへんといふ。中に故老の鳥敢《あ》へて申しけるは、「あれ程のものをいましめてもよしなし（かいもない）。所詮《しょせん》③けふよりして（この上は、今日よりこの先）、鳥の交《まじ》はりをなすべからず。

(1) ――線部a・bの言葉を現代仮名遣いに直して、すべて平仮名で書きなさい。→ポイント1

a（こうもり）

b（こしらえかえる）

a「かうもり」の「かう」は、伸ばす音になり「こう」と書きます。

(2) ――線部①「けだものに降りぬ」とありますが、これは「けものの軍に寝返った」という意味です。誰が寝返ったのですか。古文中の言葉を抜き出しなさい。→ポイント2

（かうもり）

(3) ――線部②「鷲申しけるは」とありますが、その話した内容から、鷲はどのような態度を取っているとわかりますか。次から適切なものを一つ選び、記号で答えなさい。→ポイント3

ア 自分も降参したいが、無理に我慢している。
イ ほかの鳥たちの不甲斐《ふがい》なさにあきれている。
ウ 勝利は望めないが、空元気《から》を出している。
エ 弱気になっている仲間をはげましている。

すぐあとに会話が続いていることに注目しましょう。

［エ］

(4) この古文には、もう一か所「」をつけるべき場所があります。その部分の**初めと終わりの五字**を書きなさい。→ポイント3

［さてもかう］～［かあたへん］

本冊のページ 66

白日に徘徊《はいくわい》する事なかれ」といましめられて、④鳥のつばさを剝《は》ぎ取られ、今は渋紙《しぶかみ》の破れを着て、やうやう日暮れにさし出《いで》けり。

**昼間に出歩いてはならない**

そのごとく、人も、したしき中を捨てて、無益《むやく》のものと与《くみ》する事なかれ。「六親不案なれば、天道にも外れたり」と見えたり。

**仲間になる**

**肉親どうしが不和では、神の教えにそむくことになる**

このお話を「イソップ童話」で読んだことはありませんか？「こうもり」は鳥の仲間には入れてもらえず、昼間に飛ぶこともできなくなってしまったんですね。

「伊曾保《いそほ》物語」より

● **「伊曾保物語」とは**

**「伊曾保物語」**は、イソップ物語を日本語に翻訳したものです。訳者は、わかっていません。江戸時代に絵入りの本なども発行されて、人々に広く読まれました。「イソップ童話」「イソップ物語」として読んだことがある人もいるでしょう。**教訓を含んだ短い話**(寓話《ぐうわ》といいます)が、江戸の昔から日本人に親しまれていたのですね。

---

(5) ——線部③「けふ」とありますが、これを現代仮名遣いに直すとどうなりますか。次から適切なものを一つ選び、記号で答えなさい。↓ポイント1

ア きょう　イ けう

ウ けい　エ きゅう

現代語訳の「今日」が対応しているところからもわかりますね。

ア

(6) ——線部④のようにされたのは誰ですか。次から適切なものを一つ選び、記号で答えなさい。↓ポイント2

ア 鷲　イ 故老の鳥

ウ かうもり　エ 鳥ども

ウ

(7) 古文の最後の段落にある「　」には、どのような役割がありますか。次から適切なものを一つ選び、記号で答えなさい。↓ポイント3

ア 作者自身が、登場人物の中の誰かと話していることを示す役割。

イ ことわざのように、教訓を含んだ言葉であることを示す役割。

ウ 鳥とけものの戦いについてのあらすじを最後にまとめている役割。

エ 作者が最も言いたいことが、短くまとめられていることを示す役割。

現代語訳から読み取ります。イソップの物語にはこのような教訓が示されています。「　」は会話だけを示すものではありません。

イ

本冊のページ…67

# 8 古文に親しもう

ステップ3の解答

■次の1・2の古文を読んで、あとの問いに答えなさい。

**1** 神無月《かみなづき》のころ、栗栖野《くるすの》といふ所を過ぎて、ある山里に尋ね入る事侍《はべ》りしに、遥《はる》かなる苔《こけ》の細道を踏み分けて、心ぼそく住みなしたる庵《いおり》あり。木の葉に a埋《うづ》もるる懸樋《かけひ》の雫《しずく》ならでは、つゆ bおとなふものなし。閼伽棚《あかだな》に菊・紅葉など折り散らしたる、さすがに、住む人のあればなるべし。

かくてもあられけるよとあはれに見るほどに、かなたの庭に、①大きなる柑子《かうじ》の木の、枝もたわわになりたるが、まはりをきびしく囲ひたりしこそ、少しことさめて、②この木なからましかばと覚えしか。

「徒然草」一一段より

（神無月のころ：十月のころ／心ぼそく：さびしく／懸樋：水を引く樋（とい）／つゆおとなふものなし：全く音を立てるものもない／閼伽棚：仏に供える花や水を置く棚／かくてもあられけるよとあはれに見るほどに：こんなふうにして（住んで）いられるのかとしみじみと見ていると／ことさめて：興ざめして）

(3)人里離れて、人が住んでいると思ってしみじみと見ていたのに、みかんをとられないように周りを厳しく囲っている様子を見て、興ざめしてしまったのですね。

---

(1) **1** ――線部a・bの言葉を現代仮名遣いに直して、すべて平仮名で書きなさい。

a（うずもるる）

b（おとなう（おとのう））

(2) ――線部①「大きなる柑子の木の、枝もたわわになりたるが」の現代語訳として、適切なものを次から一つ選び、記号で答えなさい。

「枝もたわわになりたるが」は、「大きなる柑子の木」を修飾しています。

ア みかんの木の大きい枝に、しなうほど実がたくさんなってはいるが

イ 大きなみかんの木で、枝もしなうほどたくさん実がなっている木の

ウ 大きいみかんの木が、枝もしなうほどたくさん実をつけていたとしても

［イ］

(3) ――線部②「この木なからましかばと覚えしか」とは「この木がなかったらよかったのに」という意味ですが、なぜこのように思ったのですか。次から適切なものを一つ選び、記号で答えなさい。

ア みかんの周りを囲っていて、入れなかったから。

イ みかんを盗もうとしていると疑われたから。

ウ みかんをとられることを嫌がって、木を囲っているから。

［ウ］

本冊のページ 68

**2**

八つになりし年、父に問ひていはく、「仏は如何《いか》なるものにか候《さぶら》ふらん」といふ。父がいはく、「仏には、人の成りたるなり」と。①また問ふ、「人は何として仏には成り候ふやらん」と。父また、「仏の教《をし》へによりて成るなり」と答ふ。また問ふ、「教へ候ひける仏をば、何が教へ候ひける」と。また答ふ、「それもまた、先の仏の教へによりて成り給《たま》ふなり」と。また問ふ、「その教へ始め候ひける、第一の仏は、如何なる仏にか候ひける」といふ時、父、「②空よりや降りけん。土よりや湧きけん」といひて笑ふ。問ひ詰められて、え答へずなり侍りつと、諸人に語りて興じき。

**どのようなも**
**のなのでしょうか**
**答える**
**ことができませんでした**
**おもしろがった**

「徒然草」二四三段より

この二四三段は、徒然草の最後の段です。お父さんは、息子に問い詰められているのに、なんだかうれしそうだね。この息子である筆者は、どんな気持ちでこの話を徒然草に入れたんだろう。

(1) **2** ――線部aの言葉を現代仮名遣いに直して、すべて平仮名で書きなさい。

（ といていわく ）

(2) ――線部①は、誰の動作ですか。次から適切なものを一つ選び、記号で答えなさい。

ア 八歳の頃の筆者　イ 現在の筆者
ウ 八歳の頃の父　エ 現在の父

ア

八歳の頃の筆者が、父に質問して困らせる話。

(3) この古文には、もう一か所「 」をつけるべき場所があります。その部分の**初めと終わりの五字**を書きなさい。

問ひ詰めら ～ なり侍りつ

「と、諸人に語りて」という部分に注目しましょう。

(4) ――線部②「空よりや降りけん。土よりや湧きけん」とありますが、何が降ったり湧いたりすると言っているのですか。古文中から**四字で**抜き出しなさい。

第一の仏

(5) なぜ父は、――線部②のように言ったのですか。次から適切なものを一つ選び、記号で答えなさい。

ア 子どもの質問に答えるのが面倒だったから。
イ 子どもに知らないと答えるのはしゃくだから。
ウ 子どもに、答えられないような質問をされたから。

ウ

父は、問い詰められて困ったことを、愉快そうに話しています。子どもが、大人を困らせるほどの質問をするのが、うれしかったのでしょうね。

本冊のページ 69

# 9 和歌を読もう

■次の和歌を読んで、あとの問題に答えなさい。

A 瓜《うり》食《は》めば 子ども思ほゆ※ 栗《くり》食めば まして偲《しぬ》はゆ※
いづくより 来たりしものそ まなかひに※
もとなかかりて※ 安眠《やすい》しなさぬ

反歌
銀《しろかね》も金《くがね》も玉も何せむに優《まさ》れる宝 子にしかめやも※
山上憶良《やまのうえのおくら》

反歌とは、長歌の内容を要約したり、補足したりする短歌のことです。

B ①ひさかたのひかりのどけき春の日に
しづ心なく※花の散るらむ
紀友則《きのとものり》

C 山里は冬ぞさびしさまさりける
人目も草も②かれぬとおもへば
源《みなもとの》宗于《むねゆき》

---

(1) Aの歌の形式を答えなさい。↓ポイント1
（ 長歌 ）

「長歌」は万葉集に多く見られますが、それ以降の時代では減少していきます。

(2) Aの反歌は、Aの歌の内容を要約したり、補ったりする役割をもっていますが、反歌の内容から、Aの歌がどんな気持ちを歌ったものとわかりますか。次から適切なものを一つ選び、記号で答えなさい。↓ポイント3

ア 子どもはいつも気にかかるが、親には何よりの宝だ。
イ 子どものことを思うと安心して眠れないのが残念だ。
ウ 子どものもつ宝は、銀や金にもまさるものだ。
エ 子どもを心配することが親にとっての宝である。

［ ア ］

Aは、子どものことが思い出されて、夜も安心して眠れない、といっていますが、反歌では、子どもにまさる宝はないと言っています。

(3) ——線部①「ひさかたの」は、「ひかり」を導きだす働きをもっています。このような修辞を何といいますか。↓ポイント2
（ 枕詞 ）

枕詞は五字のものが多く、決まった言葉を導き出します。

(4) Bの歌の意味で、春の日ののどかな様子に対して、落ち着かない様子だといっているのは、何の様子ですか。次から適切なものを一つ選び、記号で答えなさい。↓ポイント3

ア 花の咲く様子。 イ 花に当たる光の様子。
ウ 花の散る様子。 エ 花を見る人々の様子。

［ ウ ］

本冊のページ 74

D ※駒とめて袖うちはらふ陰もなし
佐野《さの》のわたりの雪の夕暮れ
藤原定家《ふじわらのさだいえ》

E 夕立の雲もとまらぬ夏の日のかたぶく山にひぐらしの声
式子内親王《しょくしないしんのう》

※・思ほゆ…思われる。
・偲はゆ…しのばれる。
・まなかひ…目の前。
・もとな…わけもなく。やたらに。
・安眠しなさぬ…安眠させない。
・子にしかめやも…子よりもまさるだろうか。いや、まさりはしない。
・しづ心…落ち着いた心。
・駒…馬。

Aは万葉集、BとCは古今和歌集、DとEは新古今和歌集に収められている歌です。古今和歌集は十世紀初め、新古今和歌集は十三世紀初めに成立したとされます。BとCは、小倉百人一首にも収められています。

---

(5) ――線部②「かれぬ」は、「(人目も)離《か》れぬ」「(草も)枯れぬ」という二つの意味をもっています。このような修辞を何といいますか。↓ポイント2
掛詞は、一つの言葉に、同じ音を利用して二つの意味をもたせる表現技法です。
（ 掛詞 ）

(6) Cの歌の句切れを答えなさい。↓ポイント2
「人目も草も」の前で意味が切れています。
（ 三句切れ ）

(7) Dの歌の季節はいつだと思われますか。↓ポイント3
雪の降る寂しい情景を思い浮かべましょう。
（ 冬 ）

(8) DとEの歌に共通して用いられている修辞は何ですか。↓ポイント2
体言止めは、現代文の詩などにも見られます。体言で終わるとどんな感じがするでしょうか。
（ 体言止め ）

(9) 短歌の場合、初めの三句(五七五)を上《かみ》の句といい、あとの二句(七七)を下《しも》の句といいます。Eの歌を、上の句と下の句に分け、その切れ目に／を入れなさい。↓ポイント1

夕 立 の 雲 も と ま ら ぬ 夏 の 日 の／か た ぶ く 山 に ひ ぐ ら し の 声

五七五／七七の形になっているか、音数を確認しましょう。

本冊のページ…75

# 9 和歌を読もう

ステップ3の解答

■次の和歌を読んで、あとの問題に答えなさい。

A 天地《あめつち》の 分かれし時ゆ ※神《かむ》さびて 高く貴き 駿河《するが》なる
富士《ふじ》の高嶺《たかね》を 天《あま》の原 ※振り放《さ》け見れば
①渡る日の 影も隠らひ 照る月の 光も見えず
白雲も ※い行きはばかり 時じくそ 雪は降りける
語り継ぎ 言ひ継ぎ行かむ 富士の高嶺《たかね》は
山部赤人《やまべのあかひと》

B ※熱田津《にきたつ》に 船《ふな》乗りせむと 月待てば
※潮もかなひぬ ②今は漕《こ》ぎ出《い》でな
額田王《ぬかたのおおきみ》

C 家にあれば ※笥《け》に盛る飯《いい》を ③草枕
旅にしあれば ④椎《しい》の葉に盛る
有間皇子《ありまのみこ》

有間皇子は、謀反《むほん》の罪を着せられた悲劇の人、と言われています。そんな背景を知るのも、歌を理解するうえでは有効です。

D 思ひつつ寝ればや人の見えつらむ
夢と知りせば覚めざらましを
小野小町《おののこまち》

---

(1) Aには次の反歌があります。反歌は、長歌の内容を要約したり、補足したりします。反歌の中の□にあてはまる言葉をAの中から抜き出しなさい。

長歌の中に同じ言葉がないか、探してみましょう。富士山の雄大さを賛美する歌です。

反歌
田子《たご》の浦《うら》ゆうち出《い》でてみれば真白《ましろ》にそ□の高嶺に雪は降りける

（ 富士 ）

(2) ――線部①「渡る日の 影も隠らひ」と、対《つい》になった表現を歌の中から抜き出しなさい。

（ 照る月の 光も見えず ）

対句《ついく》表現といいます。現代文にも古文にも見られる表現技法です。

(3) ――線部②「今は漕ぎ出でな」は、どんな意味ですか。次から適切なものを一つ選び、記号で答えなさい。

ア 今は漕ぐのはやめよう
イ さあ、今漕ぎ出そう
ウ 今は漕ぎ始める時ではない

「潮もかなひぬ」がヒントになります。潮の具合がちょうどよくなったから、さあ漕ぎだそう、という感じです。

イ

(4) ――線部③「草枕」は枕詞ですが、どんな言葉を導き出していますか。

（ 旅 ）

代表的な枕詞と導き出す言葉を覚えておくといいでしょう。

(5) ――線部④「椎の葉に盛る」とありますが、なぜ「飯」を葉の上などに盛るのですか。簡潔に書きなさい。

（ 例 旅の途中なので、食器がないから。 ）

本冊のページ 76

**E**　道の辺に清水流るる柳かげ　※しばしとてこそ立ちどまりつれ　西行法師《さいぎょうほうし》

**F**　花さそふ※比良《ひら》の山風吹きにけり　※こぎ行く舟の跡みゆるまで　宮内卿《くないきょう》

※・神さびて…こうごうしくて。
・振り放《さ》け見れば…遠く仰ぎみると。
・い行きはばかり…行きかねて。
・熟田津…愛媛《えひめ》県にあった港。
・潮もかなひぬ…潮も都合がよくなった。
・笥…食器。
・しばしとてこそ立ちどまりつれ…しばらくの間だけと思って立ち止まったのだが。
・比良…滋賀《しが》県にある比良山。
・こぎ行く舟の跡…一面に花びらが浮いているので、舟がそれを分けて進むその跡のこと。

⑽山風に吹かれて散ってしまった花びらが、湖一面に浮いている。そこを舟が進んでいくと、通った跡が残るわけです。

---

(6)　**D**の歌の句切れを答えなさい。　（三句切れ）

意味の切れる場所は、「。」を打ってもいいような場所と考えてもいいでしょう。

(7)　**D**の歌の上の句（初めの五七五）は、「いとしいと思って眠ると、夢にその人が現れる」という意味ですが、下の句の意味として、適切なものを一つ選び、記号で答えなさい。

**ア**　夢と知っていたら、目覚めなかったのに。
**イ**　夢と知ってもどうしようもないのだ。
**ウ**　夢と知って目が覚めるのはあまりに寂しい。

夢から覚めなければ、その人といっしょにいられるのに、という気持ちですね。　ア

(8)　**E**と**F**の歌の季節をそれぞれ答えなさい。

**E**（夏）　**F**（春）

**E**は柳の陰で涼んでいる様子を思い浮かべましょう。

(9)　**E**の歌は、言葉で表されていない意味を含んでいます。その意味として、適切なものを一つ選び、記号で答えなさい。

**ア**　美しい景色に、つい見入ってしまっていた。
**イ**　もう、すぐにでも、出発しなくてはならない。
**ウ**　あまりに涼しいので、つい長く休んでしまった。

ついつい涼しいところから離れられなくなってしまったんですね。　ウ

⑽　**F**の歌は、湖面に花びらが敷きつめられたように浮かんでいて、そこを舟が分けて進んでいる様子を歌っています。それほど多くの花びらを散らせたのは、何ですか。**五字**で答えなさい。

比良の山風

本冊のページ…77

■次の[A]・[B]の漢文を読んで、あとの問題に答えなさい。

[A]

子曰《いハク》、「吾《われ》十有五而《ニシテ》①志《ス》于学《ニ》。三十而《ニシテ》立《ツ》。四十而《ニシテ》不《ず》レ惑《ハ》。五十而《ニシテ》知《ル》二天命《ヲ》一。六十而《ニシテ》耳※順《したがフ》。七十而《ニシテ》従《ヒテ》二心《ノ》所《ニ》レ欲《スル》、不《ずト》レ※踰《こエ》レ矩《のりヲ》。」

②学《ビテ》而時《ニ》習《フ》レ之《これヲ》、不二亦《また》説《よろこバシカラ》一乎《や》。有《リ》レ朋《とも》自《より》二遠方一来《タル》、不二亦楽《シカラ》一乎。※人不《シテ》レ知《ラ》而不《レ》慍《うらミ》、不二亦③君子《ナラ》一乎。

書き下し文

子曰はく、「吾十有五にして学に志す。三十にして立つ。四十にして惑はず。［　　］六十にして耳順ふ。七十にして心の欲するところに従ひて、矩を踰えず。」と。

(1) ――線部①「志《ス》于学《ニ》」に、書き下し文を参考にして、返り点を付けなさい。↓ポイント1

書き下し文には「学に志す」とあります。于は、読まない字です。

志二 于 学一

(2) ［　　］にあてはまるように、書き下し文を書きなさい。↓ポイント1

五十にして天命を知る。

一・二点に注意して、語の順序を確かめましょう。四十、六十の場合を参考にしましょう。

(3) ――線部②「学《ビテ》而時《ニ》習《フ》レ之《これヲ》、不二亦《また》説《よろこバシカラ》一乎《や》。」は、どういう意味ですか。次から適切なものを一つ選び、記号で答えなさい。↓ポイント2

ア 学んで必要な時に復習する、何とつらいことだろうか。
イ 学んでときどき復習する、何と効率的なことだろうか。
ウ 学んで適切な時に復習する、何とうれしいことだろうか。
エ 学んで毎日復習する、何とむだが多いことだろうか。

「説ばしからずや」は、「うれしくないことがあろうか。」という意味です。うれしいことを強調しています。

ウ

(4) ――線部③「君子」の意味として、適切なものを一つ選び、記号で答えなさい。↓ポイント2

ア 国を治める人。　イ 人格者。
ウ 地域の名士。　エ 貴公子。

「論語」は、人としての生き方を教える書物だと言われてきました。君子とは、こうあるべきという姿が示されています。

イ

**書き下し文**

学びて時に之を習ふ、亦説ばしからずや。朋有り遠方より来たる、亦楽しからずや。人知らずして慍みず、亦君子ならずや。

（論語）

**B**

静夜の思ひ　李白《りはく》

※牀《しやう》前看《みル》㆓月光《ヲ》㆒
疑《フラクハ》是《こレ》④地上《ノ》霜《しもカト》
挙《ゲテ》㆑頭《かうべヲ》望《ミ》㆓山月《ヲ》㆒
低《たレテ》㆑頭《ヲ》思《フ》㆓故郷《ヲ》㆒

**書き下し文**

牀前月光を看る
疑ふらくは是れ地上の霜かと
頭を挙げて山月を望み
頭を低れて故郷を思ふ

※・耳順…他人の言葉を聞き入れる。
・踰矩…人として道を踏み外す。
・人不知而不慍…他人が自分を理解してくれなくてもうらまない。
・牀…寝台。

Bの漢詩を読んで、景色を思い浮かべることができたかな。

---

(5) Bの漢詩の形式は何ですか。**漢字四字**で答えなさい。↓ポイント3

四句でできているものが絶句、八句でできているものが律詩です。

**五言絶句**

(6) ——線部④「地上霜」とありますが、何を霜と疑っているのですか。**漢字二字**で答えなさい。↓ポイント3

白く差し込んでいる月の光が、まるで霜のようだと思ったのでしょう。

**月光**

(7) 第三句と、表現が対《つい》になっているのはどの句ですか。↓ポイント3

「挙頭」と「低頭」が対になっています。また、その下の部分も一・二点で戻る形が共通しています。このように、対になった句のことを対句といいます。

第**四**句

(8) 第四句はどういう意味ですか。次から適切なものを一つ選び、記号で答えなさい。↓ポイント3

ア　頭を下げて、故郷のことを敬っている。
イ　うつむいて歩きながら、故郷のことを考えている。
ウ　人に頭を下げ、故郷をなつかしく思っている。
エ　うなだれて、故郷のことを思っている。

故郷のことを思うとき、ついうなだれてしまうのでしょうね。静かな夜に、故郷のことを考えてしまったのでしょう。

**エ**

本冊のページ…83

■次の漢文を読んで、あとの問題に答えなさい。

A

春望《しゅんぼう》　杜甫《とほ》

国破レテ山河在リ
城春ニシテ草木深シ
感ジテハレ時ニ花ニモ濺《そそ》ギレ涙ヲ
恨ンデハレ別レヲ鳥ニモ驚カスレ心ヲ
※烽《ほう》火《くわ》連ナリ二三月《げつ》ニ一
※家《か》書《しよ》抵《あた》ル二万金ニ一
白頭掻《か》ケバ更ニ短ク
渾《すべ》テ欲《ほつ》スレ不《ざ》ラントレ勝《た》ヘレ※簪《しん》ニ

書き下し文

国破れて山河在り
城春にして草木深し
時に感じては花にも涙を濺ぎ
別れを恨んでは鳥にも心を驚かす
①烽火三月に連なり
②家書万金に抵る
白頭掻けば更に短く
渾べて簪に勝へざらんと欲す

杜甫は、反乱軍に捕まり、幽閉されたことがあります。そのときのことを詠《よ》んだ詩です。家族と別れ別れになってつらい思いをしたのです。

(1) Aの漢詩の形式は何ですか。**漢字四字**で答えなさい。

五言律詩

絶句と律詩の違いを覚えておきましょう。絶句が四句、律詩が八句です。

(2) Aの漢詩の中で、対《つい》になった表現(対句)になっているのは、どの句とどの句ですか。その組み合わせを、次の中からすべて選びなさい。

**ア** 第一句と第二句　**イ** 第一句と第三句
**ウ** 第三句と第四句　**エ** 第四句と第五句
**オ** 第五句と第六句

( ア、ウ、オ )

律詩の場合、第三句と第四句、第五句と第六句をそれぞれ対句にするきまりがあります。この詩の場合は、第一句と第二句も対句です。

(3) ——線部①「烽火三月に連なり」とありますが、これはどういう意味ですか。「三月」とは、三か月という意味であることをふまえて書きなさい。

烽火はのろしのこと。戦いが続いているということを表しています。

( 例 戦いが三か月も続いている。 )

(4) ——線部②「家書万金に抵る」は、どういう意味ですか。次から適切なものを一つ選び、記号で答えなさい。

**ア** 家族に手紙を送るには、大金がかかる。
**イ** 家族を気づかう手紙も、今は送る気がしない。
**ウ** 家族からは手紙が来なくなって久しい。
**エ** 家族からの手紙は、とても貴重に思われる。

エ

「万金」は、大金のこと。家族の手紙は大金を払ってでも手に入れたい、つまり貴重だということです。

本冊のページ 84

**B**

※項《こう》王《おうノ》軍※壁《ス》二※垓《がい》下《かニ》一。兵少《ナク》食尽《ク》。漢軍
及《ビ》諸侯《ノ》兵、囲《ムコト》レ之《ヲ》数重《ナリ》。③夜聞《キ》漢軍《ノ》
四面皆楚歌《スルヲ》、項王乃《すなはチ》大《イニ》驚《キテ》曰《いハク》、
「漢皆已《すでニ》得《タル》レ楚《そヲ》乎《か》。是《こレ》何《ゾ》楚人之《の》多《キ》也《やト》。」

**書き下し文**

項王の軍垓下に壁す。兵少なく食尽く。漢軍及び諸侯の兵、之を囲むこと数重なり。夜漢軍の四面皆楚歌するを聞き、項王乃ち大いに驚きて曰はく、「④漢皆已に楚を得たるか。是れ何ぞ楚人の多きや。」と。

（史記）

※・烽火…戦いののろし。
・家書…家族の手紙。
・簪…冠止め。髪に挿すもの。
・項王…項羽。楚の王。漢と激しく戦う。
・壁…たてこもる。
・垓下…地名。

---

(5) **A**の漢詩には、作者のどのような気持ちがうたわれていますか。次から適切なものを一つ選び、記号で答えなさい。

ア 民衆への圧政に対して、怒る気持ち。
イ 家族と引き離されて、寂しく悲しい気持ち。
ウ 戦争が長く続くなかで、平和を望む気持ち。
エ 年老いた自分を寂しく振り返る気持ち。

「別れを恨んでは」「家書万金に抵る」などから、家族への思い、別れのつらさなどを読み取りましょう。

［ イ ］

(6) **B**の漢文は、ある故事成語のもとになった話です。その故事成語を書きなさい。

（ 四面楚歌 ）

「四面楚歌」は、周りが敵だらけになることですね。

(7) ——線③に、書き下し文を参考にして返り点を付けなさい。

夜 聞二 漢 軍 四 面 皆 楚 歌一

書き下し文を見て、語の順序を確かめましょう。

(8) ——線④「漢皆已に楚を得たるか。」とありますが、項王はなぜ、漢が楚を手に入れたと思ったのですか。次の［ ］にあてはまる言葉を書きなさい。

・包囲している［1］のあらゆる方向から［2］の歌が聞こえてきたので、味方である楚の人々が敵に降伏してしまったと思ったから。

1（ 漢軍 ）2（ 楚 ）

周りから楚の歌が聞こえてきて、その数が多かったので、味方の多くが敵に降伏してしまったと思ったのです。

本冊のページ…85

# 11 言葉に対する理解を深める（1）

ステップ2-A の解答

問一　次の言葉の対義語を、あとから選び、記号で答えなさい。→ポイント1

(1) 輸入（イ）　(2) 正常（オ）
(3) 文語（ア）　(4) 前進（エ）
(5) 具体（ウ）

「具体」は、「はっきりした実体を備えていること」。「具体的」「具体化」などの形でもよく使われます。

ア 口語　イ 輸出　ウ 抽象
エ 後退　オ 異常

問二　二つの言葉が対義語の関係になるように、次の□にあてはまる漢字をあとから選び、書き入れなさい。→ポイント1

(1) 長所 ↔ 短所　(2) 拡大 ↔ 縮小
(3) 浅い ↔ 深い　(4) 乗る ↔ 降りる

浅　降　右　長　高　縮

問三　次の言葉の類義語を、あとから選び、記号で答えなさい。→ポイント2

(1) 外観（ウ）　(2) 効能（オ）
(3) 一致（ア）　(4) 宣伝（エ）
(5) 同意（イ）

ア 合致　イ 賛成　ウ 外見
エ 広告　オ 効用

問四　次の――線の言葉よりも、ふさわしい言葉をあとから選び、記号で答えなさい。→ポイント2

(1) その小説の結末は、とても案外だ。（エ）
(2) 入念の注意を払って準備する。（ア）
(3) 生活水準の進歩が著しい。（ウ）
(4) 名作が、人々に深い感激を与える。（イ）

ア 細心　イ 感動　ウ 向上　エ 意外

類義語は、同じ意味の語ではなく、似た意味の語です。使われ方まで必ず同じというわけではありません。注意しましょう。

本冊のページ 90

**問五** 次の文の（　）の言葉から、ふさわしいほうを選び、記号に○をつけなさい。→ポイント3

(1) 前回のテストの汚名を、今回のテストで（A 挽回《ばんかい》する・Ⓑ 返上する）つもりだ。

「汚名」は挽回しません。返上したいものです。

(2) 五つあったお菓子が、四つしか残っていないので、母は（Ⓐ 首をかしげている・B 頭をかしげている）。

(3) 毎日同じことを繰《く》り返していると、（A 嫌気《いやけ》がしてくる・Ⓑ 嫌気がさしてくる）。

**問六** 次の中から、――線の語が正しく使われているものを一つ選び、記号で答えなさい。→ポイント3

（エ）

ア 合唱コンクールが、成功裏《り》のうちに終わる。

イ 父は長年、寸暇《すんか》を惜しまず働いた。

ウ 生徒会長の候補として、白羽《しらは》の矢を当てる。

エ 彼は、今や押しも押されもせぬエースだ。

オ 相手の食指《しょくし》が伸びるような誘い文句を考える。

イの「寸暇」は「少しのひま」の意味。「惜しまず」では、たくさん休むことになりますね。

---

**チャレンジ問題** 対義語・類義語、間違えやすい表現について、次の問いに答えなさい。

**1** 次の言葉の組み合わせが、対義語ならA、類義語ならB、どちらでもなければCを書きなさい。

(1) 簡単・容易（B）　(2) 理想・現実（A）

(3) 将来・必然（C）　(4) 手段・方法（B）

(5) 義務・権利（A）　(6) 感心・親切（C）

**2** 次の文の｛　｝の言葉のうち、適切なほうを○で囲みなさい。

(1) 緊張がゆるんで、おもわず｛(笑み)・笑顔｝がこぼれる。

(2) 磁石を使って｛方向・(方角)｝を知る。

(2)「方向」「方角」は類義語です。磁石で知るのは「方角」のほうです。

(3) 彼の発表には、誰もが｛(思いも寄らない)・思いもつかない｝新しい発想が見られた。

(3)「思いつく」とは言いますが、「思いもつかない」とは言いませんね。

# 11 言葉に対する理解を深める(1)

ステップ2-Bの解答

問一　次の文の□にあてはまる慣用句を、あとから選び、記号で答えなさい。→ポイント1

(1) 一日中《じゅう》、山道を歩き回ったので、□。　（ウ）

(2) 私の妹は幼いので、まだまだ□。　（ア）

(3) 昔のけんかについては、一切《いっさい》□。　（エ）

ア　手がかかる　イ　腹が立つ
ウ　足が棒になる　エ　水に流す

(1)「足が棒になる」は、足がとても疲れるという意味。

問二　次の慣用句の意味を、あとから選び、記号で答えなさい。→ポイント1

(1) 目にあまる　（イ）

(2) 相づちを打つ　（ウ）

(3) 頭にくる　（ア）

ア　怒ること。
イ　見過ごせないほどひどい様子。
ウ　相手の話に調子を合わせること。

(1)「目にあまる」は、「目にあまる言動。」「規則違反が目にあまる。」などのように使います。

問三　次の文を読み、――部のことわざの使い方が正しい文には○、誤っている文には×をかきなさい。→ポイント2

(1) 優勝を目指して練習してきたけれど、決勝で負けてしまった。やはり、石の上にも三年だった。　（×）

(2) とても忙しいが、こういうときこそ急がば回れで着実にやろう。　（○）

(3) もうあれから一年経ってしまったか。光陰矢の如《ごと》しだなあ。　（○）

(4) 毎日繰り返し聴いていたので、英語の意味がわかるようになったよ。馬の耳に念仏だね。　（×）

(1)「石の上にも三年」は、何事も辛抱強く行えば必ず成功する、ということのたとえ。優勝を逃してしまったので、この場合はあてはまりません。

問四　次のことわざと似た意味のことわざをあとから選び、記号で答えなさい。→ポイント2

(1) のれんに腕押し　（イ）

(2) 猫に小判　（ア）

(3) 弘法《こうぼう》にも筆の誤り　（ウ）

ア　豚《ぶた》に真珠《しんじゅ》　イ　ぬかに釘《くぎ》
ウ　河童《かっぱ》の川流《かわなが》れ　エ　急《いそ》がば回《まわ》れ

(1)「のれんに腕押し」も「ぬかに釘」も、相手に手ごたえがないという意味で似ています。

本冊のページ 92

**問五** 次の故事成語の元となった故事を、意味を参考にしながらあとから選び、記号で答えなさい。↓ポイント3

(1) 矛盾 **意味** つじつまが合わないこと。（ エ ）

(2) 蛇足 **意味** 余計なつけたし。あっても仕方がないもの。（ ア ）

(2)蛇に足をつけてしまったら、もう蛇ではなくなってしまいますよね。

(3) 五十歩百歩 **意味** たいした違いはないこと。（ イ ）

(4) 漁夫の利 **意味** 二者が争う間に、第三者が利益を得ること。（ ウ ）

**ア** 蛇の絵を描く競争で、一番に描き上げた者が、余計な足を描いたために賭けに負けてしまった。

**イ** 戦いのときに、五十歩逃げた者が百歩逃げた者のことを笑ったが、どちらも逃げたことに変わりはない。

**ウ** シギ(鳥)とハマグリが争っているうちに、通りすがりの漁師が両方を捕らえてしまった。

**エ** どんなものでも突き通す矛と、どんな攻撃も防ぐ盾を売っているという商人がいた。その矛でその盾を突いたらどうなるか。商人は答えることができなかった。

---

**チャレンジ問題** 意味を参考にしながら、□にあてはまる慣用句・ことわざ・故事成語をあとから選び、書きなさい。

(1) あの人は□物言いをする人だ。
**意味** 相手のことを考えず、思ったことをずけずけと言うこと。
（ 歯に衣着せぬ ）

(2) 折角の機会を□なんて、もったいないことをするなあ。
**意味** それまで積み重ねてきた努力や成果をふいにすること。
（ 棒に振る ）

(3) 富士山がこんなに美しいだなんて。□だね。
**意味** 人から何度も話を聞くよりも、一度の体験のほうが勝る。
（ 百聞は一見にしかず ）

(4) そんなこと、気にする必要はないよ。□だよ。
**意味** 心配する必要のないことを心配すること。
（ 杞憂 ）

焼《や》け石《いし》に水《みず》　杞憂《きゆう》　棒《ぼう》に振《ふ》る
百聞《ひゃくぶん》は一見《いっけん》にしかず　助長《じょちょう》　歯《は》に衣着《きぬき》せぬ

(4)昔、中国の杞の国に住む人で、天が落ちてくることを心配して夜も眠れない人がいた、という故事から。

12 言葉に対する理解を深める（2） ステップ2-Aの解答

**問一** 次の(1)～(4)の漢字の成り立ちを、あとから選び、記号で答えなさい。↓ポイント1

(1) 上（イ）　(2) 鳴（ウ）
(3) 木（ア）　(4) 花（エ）

(4)「花」は、「艹」が意味を表し、「化」が音を表しています。

> **ア** 象形《しょうけい》文字……具体的な物の形からできた文字。
> **イ** 指事《しじ》文字……形に表せないことを表した文字。
> **ウ** 会意《かいい》文字……二つ以上の漢字の意味を組み合わせてできた文字。
> **エ** 形声《けいせい》文字……意味を表す部分と音《おん》を表す部分とからなる文字。

**問二** 次の形声文字の、意味を表す部分・音を表す部分を、それぞれ書きなさい。↓ポイント1

(1) 晴　**意味**（日）　**音**（青）
(2) 河　**意味**（氵）　**音**（可）

意味を表す部分を「義符」、音を表す部分を「声符(音符)」などとよぶこともあります。

**問三** 次の二字熟語の成り立ちを、あとから選び、記号で答えなさい。↓ポイント2

(1) 人造（人が造る）（ウ）
(2) 急行（急いで行く）（オ）
(3) 岩石（岩――石）（ア）
(4) 読書（書を読む）（エ）
(5) 男女（男←→女）（イ）

(4)「書を読む」と書くとわかりやすいように、「書」という字が、「読」という字を修飾しています。

> **ア** 意味の似た字を並べたもの
> **イ** 反対(対《つい》)の意味の字を並べたもの
> **ウ** 上の字が主語、下の字が述語になっているもの
> **エ** 上の字が述語、下の字が修飾語になっているもの
> **オ** 上の字が下の字を修飾しているもの

**問四** 次の漢字に、接頭語「不」「無」のどちらかを付けて、熟語を完成させなさい。↓ポイント2

(1) 期（無期）　例 ■期延期が決まる。
(2) 備（不備）　例 手続きの■備。

本冊のページ 98

**問五** 次の意味にあてはまる四字熟語を、あとから選び、記号で答えなさい。↓ポイント3

(1) 細かい点だけ違って、大差のないこと。（カ）

(2) 思いのままにできる様子。（エ）

(3) 自分で問いかけ、自らそれに答えること。（ウ）

(4) 逃れられない困難な状況にあること。（オ）

(5) 数が多くて、とても値段が安いこと。（ア）

| | | |
|---|---|---|
| **ア** 二束三文 | **イ** 日進月歩 | **ウ** 自問自答 |
| **エ** 自由自在 | **オ** 絶体絶命 | **カ** 大同小異 |

「日進月歩」と「自由自在」は、上の二字と下の二字が似た意味になっている四字熟語です。また、「自問自答」と「大同小異」は、上の二字と下の二字が反対(対)の意味になっている四字熟語です。

**問六** 次の□に適切な漢数字を入れて、四字熟語を完成させなさい。↓ポイント3

(1) 八方美人 **意味** 誰に対してもいい顔をすること。

(2) 三寒四温 **意味** 寒い日と温暖な日が繰り返されること。

---

**チャレンジ問題** 漢字の成り立ち・熟語について、次の問いに答えなさい。

**1** 次の形声文字の意味を表す部分を書きなさい。

(1) 板（木）

(2) 問（口）

形声文字の意味を表す部分は、**部首**になっている場合が多いので、まず部首を確認しましょう。(2)は「もんがまえ」ではないので、注意しましょう。「門」は音を表す部分のほうです。

**2** 次の熟語の中から、**上の字が主語、下の字が述語になっているもの**を一つ選び、記号で答えなさい。（ウ）

**ア** 天地　**イ** 樹木　**ウ** 民営　**エ** 負傷

**ウ**は「民が営む」という意味なので、主語と述語になっています。**ア**は、反対(対)の意味の字を並べたもの、**イ**は、意味の似た字を並べたもの、**エ**は、上の字が述語、下の字が修飾語になっているもの。

**3** **上の二字と下の二字が反対の意味の四字熟語**になるように、次の□□にあてはまる言葉をあとから選び、書きなさい。

(1) 一喜一憂

(2) 針小棒大

| |
|---|
| 棒大　不変　一長　一喜　開口 |

(1)「一喜一憂」とは、「状況の変化によって喜んだり心配したりすること」です。
(2)「針小棒大」とは、「小さなことを大げさに言うこと」です。

本冊のページ…99

# 12 言葉に対する理解を深める(2)

**問一** 次の文の□にあてはまる言葉を、下のA・Bから選び、記号で答えなさい。→ポイント1

(1) 左右□《たいしょう》ではない形。 A 対照 B 対称 (B)

(2) 高校生□《たいしょう》の問題集。 A 対象 B 大将 (A)

(3) □《たいしょう》的な二人。 A 対照 B 大賞 (A)

(4) 悪い□《しゅうかん》を改める。 A 週刊 B 習慣 (B)

(5) 今週は読書□《しゅうかん》だ。 A 週間 B 週刊 (A)

(6) 絵画の□《せいさく》に取りかかる。 A 制作 B 政策 (A)

(7) 試作品を□《せいさく》する。 A 政策 B 製作 (B)

(8) 政府の新しい□《せいさく》。 A 製作 B 政策 (B)

同音異義語の場合は、例文や言い回しを、そのまま覚えておくと役に立ちます。「左右対称」「対象年齢」「対照的な性格」など。

**問二** 次の文の□にあてはまる言葉を、下のA・Bから選び、記号で答えなさい。→ポイント2

(1) 学力向上に□《つとめる》。 A 努める B 務める (A)

(2) 劇で主役を□《つとめる》。 A 勤める B 務める (B)

(3) 会社に□《つとめる》。 A 努める B 勤める (B)

(4) 汚れが□《つく》。 A 付く B 就く (A)

(5) もうすぐ駅に□《つく》。 A 就く B 着く (B)

(6) 新しい仕事に□《つく》。 A 就く B 付く (A)

(7) 新入社員を□《とる》。 A 執る B 採る (B)

(8) 返信の筆を□《とる》。 A 取る B 執る (B)

「取る」は、使い方が広いので、注意したい語です。「手に取る」「メモを取る」「ごみを取る」など。

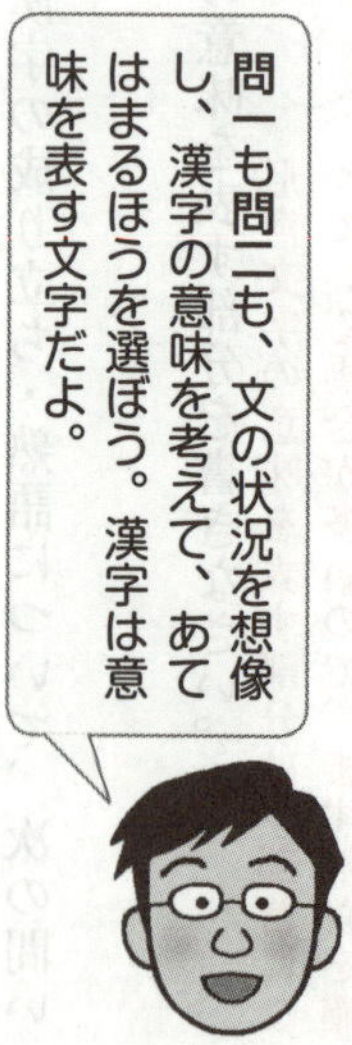
問一も問二も、文の状況を想像し、漢字の意味を考えて、あてはまるほうを選ぼう。漢字は意味を表す文字だよ。

本冊のページ 100

**問三**　次の文の——線の熟字訓の読みを、平仮名で書きなさい。→ポイント3

(1)　祖母が①乳母車を押している古い写真がある。②田舎の風景の中に、ぽつんとたたずんでいる。

①（　うば　）　②（　いなか　）

(2)　小さなてのひらのような①紅葉の葉を拾い、季節が過ぎていくのが②名残惜しいような気持ちになる。

①（　もみじ　）　②（　なごり　）

①「紅葉」は、「こうよう」とも読めますが、文脈から判断するようにしましょう。

**問四**　次の——線の平仮名を、漢字に直しなさい。→ポイント3

(1)　大うなばらへと小舟でこぎ出す心境だ。（　海原　）

(2)　蝉《せみ》しぐれという語を季語として、俳句を作る。（　時雨　）

「蝉しぐれ」は、蝉の鳴く声を時雨が降る音にたとえた表現。

(3)　彼は、いくじがない人だ、と言われている。（　意気地　）

(4)　現在の奈良《なら》県の辺りを、昔はやまとと言った。（　大和　）

---

**チャレンジ問題**　同音異義語・同訓異字・熟字訓について、次の問いに答えなさい。

**1**　次の——線の片仮名にあてはまる言葉を、あとから選び、記号で答えなさい。

(1)　博士は、既に実験の成功をカクシンしていた。
（ア　革新　イ　確信　ウ　核心）（　イ　）

(2)　交通量を、一時的にキセイする。
（ア　規制　イ　既成　ウ　帰省）（　ア　）

「規制」は、「規則によって制限する」という意味。

**2**　次の——線の平仮名にあてはまる言葉を、あとから選び、記号で答えなさい。

(1)　風呂《ふろ》上がりに体重をはかる。
（ア　測る　イ　図る　ウ　量る）（　ウ　）

(2)　数多くの書物をあらわす。
（ア　表す　イ　著す　ウ　現す）（　イ　）

「量る」は重さの場合。「測る」は長さ、「図る」は考えをめぐらすときなどに使います。

**3**　次の——線の読みを、平仮名で書きなさい。

(1)　グラウンドの芝生の緑が鮮やかだ。（　しばふ　）

(2)　土産をたくさん買って新幹線に乗る。（　みやげ　）

「芝生」「土産」は、よく使う言葉なので、覚えておきましょう。他に「笑顔（えがお）」「風邪（かぜ）」「息子（むすこ）」などがよく使われる熟字訓といえそうです。